R&B

GROUCHO MARX

Memoiren eines spitzen Lumpen

Neu übersetzt
und mit Anmerkungen versehen von
Sven Böttcher

Rogner & Bernhard
bei Zweitausendeins

1. Auflage, Juni 1995
Titel der Originalausgabe: MEMOIRS OF A MANGY LOVER.

Erstmals erschienen bei Bernard Geis Associates Books, New York 1963.
A Bernard Geis Associates Book.
Erstmals auf deutsch erschienen unter dem Titel
EIN RAMPONIERTER FRAUENHELD, Frankfurt, 1988.

ISBN 3-8077-0321-7

Lektorat: Thomas Bodmer, Zürich.
Umschlag: Sandra Kaiser, Hanstedt.
Herstellung: Eberhard Delius, Berlin.
Satz: Offizin Götz Gorissen, Berlin.
Druck: Wagner GmbH, Nördlingen.
Einband: G. Lachenmaier, Reutlingen.
Gedruckt auf 100 % Recyclingpapier.
geliefert von E. AGeese, Hamburg.

Dieses Buch gibt es nur bei Zweitausendeins
im Versand (Postfach, D-60381 Frankfurt am Main)
oder in den Zweitausendeins-Läden in Berlin, Essen, Frankfurt,
Freiburg, Hamburg, Köln, München, Nürnberg,
Saarbrücken, Stuttgart.

In der Schweiz über buch 2000,
Postfach, 89, CH-8910 Affoltern a. A.

Ich schrieb dieses Buch in jenen endlosen Stunden,
die ich mit Warten zubringen mußte,
während meine Frau sich zum Ausgehen anzog.
Hätte sie sich nie angezogen,
wäre dieses Buch nie geschrieben worden.

Vorwort ist die Mutter der Porzellankiste

Ich weiß, daß der Titel dieses Buches irreführend ist, aber es gibt verschiedene Arten, ein Buch zu verkaufen und einer Katze das Fell über die Ohren zu ziehen. Diese beiden Aussagen haben zwar eigentlich nichts miteinander zu tun, aber ich hatte mal eine Tante, die immer behauptete, es gebe verschiedene Arten, einer Katze das Fell über die Ohren zu ziehen. Während einer Hitzewelle auf der New Yorker East Side gab sie diesem Drang eines Tages nach, und einige Stunden später kam ein Mann in weißem Kittel vorbei und schaffte sie weg. Das Katzenfell hielt sie noch immer in der Hand. Es war kein schöner Anblick. Andererseits sah auch meine Tante nicht allzu doll aus.

Wer sich vom Titel zum Kauf dieses Buches hat verleiten lassen, hat ordentlich Geld zum Fenster rausgeworfen. Ach, schön wär's, wenn ich ein wirklich spannendes Buch über Sex schreiben könnte, eins, das nicht mit der Post zugestellt werden darf. Nichts scheint den literarischen Appetit von Lesern mehr anzuregen als die Mitteilung, daß der Autor gerade in den Bundesknast wandern mußte, weil er die Libido von Millionen Amerikanern durcheinandergebracht hat.

Soviel zum Thema Sex. Nun wollen wir mal sehen, was es sonst noch so gibt.

Inhalt

IV. Teil

ES PASSIERTE ACHT ANDEREN BURSCHEN

V. Teil

MARXISTISCHE PHILOSOPHIE GROUCHOSCHER PRÄGUNG

I. Teil
Je länger, je Liebe

1.
Hoch lebe der kleine Unterschied!

Bis zu meinem vierten Geburtstag wußte ich nicht, inwiefern sich die Geschlechter unterscheiden. Ich wollte gerade »das eine Geschlecht vom anderen unterscheidet« schreiben, aber heutzutage gibt es so viele Varianten, daß jemand, der von zwei Geschlechtern spricht, bei Freunden und Bekannten vermutlich als wandelnder, verwitterter Anachronismus gilt und sich die Frage gefallen lassen muß, unter welchem Stein er die vergangenen drei Jahrzehnte zugebracht hat.

Ich begann etwas von der Existenz einer farbenfroheren Welt zu ahnen, als eines Tages meine einzige mit Geld und Geist gesegnete Tante meiner Mutter einen Besuch abstattete. Sie war mit einem erfolgreichen Vaudeville-Schauspieler verheiratet, trotz ihrer jungen Jahre bereits in Chicago und St. Louis gewesen und hatte sogar schon mal eine Nacht in Denver verbracht. Sie hatte rote Haare, trug Stöckelschuhe und war von hübscher, schlanker Gestalt, die sich überall dort wölbte, wo sich begehrenswerte Gestalten wölben sollten. (Mit dem Begriff »Gestalt« können heute vielleicht nicht mehr alle Leser etwas anfangen, aber damals wurmte mich viel mehr, daß ich mit meiner Tante nichts anfangen konnte.)

Als sie in unsere Wohnung schwebte, brachte sie einen betörenden, exotischen Duft mit, den ich im Laufe meines weiteren Lebens als Standardgeruch von Bordellen kennenlernen sollte. Aber damals hatte ich natürlich noch keine Ahnung, was ich einatmete. Meines Wissens hätte es ebensogut Mumifizierungsbalsam sein können. Aber was es auch war, es war aufregend – und ganz anders als alles, was ich bis zu diesem Tage gerochen hatte.

Aus unserer mottenzerfressenen Wohnung kannte ich den Geruch von vier meist ungewaschenen Brüdern, Bohnensuppe und einem undichten Kerosinofen. Und da stand ich nun und atmete das berauschende Parfüm der Reife: einen Duft, der starke Männer vor Sehnsucht straucheln und schwache vor Verzweiflung winseln ließ.

Meine Tante war außerordentlich schön, und als sie mich ansah, lächelte sie – scheinbar voller Bewunderung. Zu meiner Mutter sagte sie: »Also ehrlich, Minnie, Julius hat die schönsten braunen Augen, die ich je gesehen habe.«

Bis zu diesem Moment hatte ich keinen Gedanken an meine Augen verschwendet. Oh, ich wußte, daß ich kurzsichtig war, aber ich hätte nie gedacht, daß an meinen Augen etwas Besonderes sein könnte. Im frischen Bewußtsein meiner Reize zog ich die Brauen bis zum Anschlag hoch und starrte meine Tante an. Sie beachtete mich nicht, aber ich starrte weiter und hoffte, meine Augen würden irgendwann weit genug heraustreten, um mir ein neuerliches Lob einzubringen. Aber nein, meine Tante mußte mit meiner Mutter tratschen und hatte mich schon wieder vergessen. Ich begann vor ihr auf und ab zu gehen und machte ihr schöne, große, braune Augen.

Nach einiger Zeit bekam ich von der ungewohnten Anstrengung stechende Schmerzen in den Augäpfeln und wurde zudem von Minute zu Minute benommener vom

Geruch meiner Tante. Ich hatte ihre Aufmerksamkeit noch immer nicht erregen können, wollte aber unbedingt den nächsten Lobgesang auf meine Glubscher hören und verlegte mich daher aus lauter Verzweiflung aufs Husten. Nicht aufs Hüsteln, sondern auf ein regelmäßiges, tuberkulöses, aus tiefster Brust kommendes Bellen, das stark nach einer in der Rolle der Kameliendame brillierenden Lesbierin klang. Vom Dauerhusten bekam ich Kopfschmerzen, aber all meinen Bemühungen zum Trotz ignorierte meine Tante mich beharrlich.

Schließlich sah ich die Hoffnungslosigkeit des Unterfangens ein, wandte mich schwummrig und fiebrig vor Schmerz und Verwirrung ab und taumelte zurück in mein Zimmer – schwummrig, aber glücklich, weil mir zum ersten Mal in meinem Leben eine Frau ein Kompliment gemacht hatte... wenn auch die Frau meine Tante gewesen war und das Kompliment ein eher beiläufiges.

Erst viel später sah ich in den Spiegel – und stellte fest, daß meine Augen grau waren.

2.
Lieber den Spatz als die Taube auf dem Sofa

Vor langer, langer Zeit, als ich noch jung und alleinstehend war, hatte ich nichts als Mädchen im Kopf. Dies ist kein besonders eigentümliches Merkmal, schon gar nicht bei einem jungen Mann, der vom Schicksal zum potentiell Sexbesessenen geschlagen ist.

Tatsächlich ist es vielmehr so, daß ein junger Mann, der keine Mädchen mag, früher oder später (aber in jedem Fall erst nach vier Jahren Sitzungen zu je fünfunddreißig Dollar) von einem Analytiker zu hören kriegen wird, er sei entweder in seine Mutter, seinen Vater oder den Nachbarjungen verliebt. Ich verstehe nicht, was einen jungen (oder auch älteren) Mann an einem der Eckpunkte dieses Triangels reizen könnte, mal ganz davon abgesehen, daß sexuelle Verirrungen dieser Art von der Gesellschaft im allgemeinen mit heftigem Stirnrunzeln quittiert werden. Daher lautet mein Rat an alle jungen Männer: Fangt an, Mädchen nachzujagen, sobald Ihr Eure Schnürsenkel selbst binden könnt, und vergeßt all diese abwegigen Kapriolen, die euch am Ende körperlich, moralisch und heutzutage sogar politisch zugrunderichten könnten.

Zum Glück interessierte ich mich nur für Mädchen und mich selbst – in dieser Reihenfolge –, und zu meinem noch größeren Glück waren wir mit einem Vaudeville-Programm auf Tournee, das mit acht außergewöhnlich gut aussehenden Puppen bestückt war. Da wir nur vier Brüder waren, bedeuteten acht Mädchen theoretisch (minimale Mathematikkenntnisse vorausgesetzt) zwei Mädchen pro Bruder.

Ich wollte nur eines der Mädchen für mich, also blieben sieben Bräute für drei Brüder. Und daß ich eines der Mädchen wollte, heißt nicht, daß ich sie dauernd wollte. Ich wollte sie bloß in meinem Zimmer haben. Sie war ein steiler Zahn (ich hatte es damals mit mundartlichen Ausdrücken) mit roten Haaren, reizenden Rundungen und einem herrlichen Dauergrinsen, das sie meist in meine Richtung schickte.

Als wir eines Abends nach der Vorstellung im Café des Hotels saßen, sagte ich: »Sag mal, Gloria« (als sei mir gerade ein Gedanke gekommen, obwohl ich mich seit Wochen auf diesen Moment vorbereitet hatte), »hättest du Lust, auf mein Zimmer zu kommen und mit mir eine Flasche Champagner zu köpfen? Es ist amerikanischer, aber das merkt man kaum.«

»Oh, ich *liebe* amerikanischen Champagner«, schnurrte sie. »Ob du's glaubst oder nicht, ich habe gerade gestern in der *Minneapolis Tribune* einen Artikel von irgendeinem Weinexperten gelesen, der die meisten unserer einheimischen Champagner für deutlich besser hält als das importierte Zeug.«

Sie hatte noch immer nicht gesagt, sie werde mich auf mein Zimmer begleiten, aber aufgrund ihrer plötzlichen Begeisterung für einheimischen Champagner schienen mir beste Aussichten zu bestehen, ihren süßen kleinen Körper bald in mein Schlafzimmer gekuschelt zu sehen.

Ich leckte mir vorfreudig die Lippen. Auf den ersten Blick schien die Schlacht bereits gewonnen. Leider war dem ganz und gar nicht so. Das Knifflige an der Sache war, sie in mein Zimmer zu manövrieren. Am Portier kam man problemlos vorbei. Der wirklich schwierige Teil der Übung bestand im Austricksen der Hoteldetektive. Diese Schleicher strichen von Sonnenauf- bis Sonnenuntergang über die Flure, spähten durch Schlüssellöcher und preßten ihre Ohren an Türritzen, um Techtelmechtelgeräusche zu erlauschen. Theatertruppen waren grundsätzlich verdächtig, und hörte ein Hoteldetektiv eine weibliche Stimme aus einem Zimmer dringen, das eigentlich und ausschließlich von einem Mann belegt sein sollte, hämmerte er gegen die Tür und brüllte: »Wenn du Wert auf deine Gesundheit legst, schaffst du sofort die Frau da raus!«

Ich hatte ein hübsches Erkerzimmer mit einem großen Doppelfenster. Um keinen Verdacht zu erregen, sollte Gloria mit dem Fahrstuhl in den neunten Stock fahren, wo sie mit einer Freundin wohnte, und von dort aus zu Fuß in den zehnten hinaufsteigen. Meine eigene Spur verwischte ich, indem ich zur Hintertreppe schlich und die zehn Stockwerke buchstäblich hinaufraste. Was mich rasen ließ, war allein das Bild meiner Gloria, ihre roten Haare und diese Figur, die mit ein bißchen Spielraum sogar ein Kloster binnen fünf Minuten in ein Tollhaus hätte verwandeln können.

Ich hatte Gloria einen Zweitschlüssel gegeben, und so kamen wir endlich pochenden Herzens (zumindest eines pochenden Herzens) in meinem Zimmer zusammen. Welcher Triumph! Welche Aussichten eröffneten sich mir! Ich fühlte mich wie Napoleon beim Überqueren der Alpen oder MacArthur beim Wandeln auf dem Wasser!

Es war eine schrecklich heiße Nacht, und nachdem ich die Tür gründlich verriegelt und verrammelt hatte, warf ich die Fenster so schwungvoll auf wie Rudolph Valentino höchstpersönlich (obwohl der, wenn man Kinobildern trauen darf, es mehr mit den Wüsten hatte. Den Sandwüsten, meine ich).

Alles entwickelte sich prächtig. Der Champagner schmeckte überraschend gut, wenn man berücksichtigte, daß er erst zwei Wochen alt war. Während wir so dasaßen und einander mit den Augen verschlangen, flatterten zwei Tauben ins Zimmer. Das fand ich ziemlich hübsch und passend. Sie turtelten, und wir turtelten. Davon abgesehen, daß ich Schuhe trug und eine Zigarre rauchte, bestand zwischen uns kein nennenswerter Unterschied.

Als Gloria und ich einander näherkamen, traf ein weiteres Taubenpärchen ein. Und dann noch eins. Anfangs hockten sie gurrend und schnäbelnd auf dem Sims des Erkerfensters. Als alter Vogelliebhaber hörte ich aus ihrem Gurren sofort heraus, daß sie dasselbe im Sinn hatten wie ich.

Nach einer Weile wurde es auf dem Sims ziemlich voll, und einige der versnobteren Vögel fingen an, auf der Suche nach weniger überlaufenen Plätzchen durch den Raum zu flattern. Bekanntlich kann der Liebesakt schon unter idealen Bedingungen recht aufreibend sein, aber mit zunehmender Vogeldichte verflogen all meine diesbezüglichen Hoffnungen und Pläne. Das gesamte Schlafzimmer wurde zum Taubenschlag, und plötzlich ging es nicht mehr um nackte Tatsachen, sondern ums nackte Überleben.

Ich hörte auf, mit Gloria zu plaudern, und sprach statt dessen mit den Tauben – zunächst mit sanfter, lockender Taubenstimme. Da dies nichts nützte, verlegte ich mich aufs Schreien. Die Vögel hielten mich offenbar für irgendeinen geistesgestörten, aber harmlosen Taubenhasser, denn sie beachteten mich überhaupt nicht und benahmen sich weiter ganz ungezwungen. Mir dämmerte, daß ich, sofern ich diese Geier nicht schleunigst aus meinem Liebesnest jagte, sowohl meine Pulle Schampus als auch all die anderen schönen Sachen vergessen konnte.

Ich wandte mich Gloria zu. »Schätzchen«, sagte ich, »macht's dir was aus, mal eben im Badezimmer zu verschwinden?«

Dieses Ansinnen schien sie zu überraschen und abzustoßen – und das zu Recht. Unsere Beziehung war noch nicht so weit fortgeschritten, daß einer der beiden Partner den anderen ins Badezimmer hätte schicken dürfen.

»Hör zu«, sagte sie, »ich bin alt genug zu wissen, wann ich ins Bad muß, und im Moment muß ich *nicht*!«

»Wenn du nicht möchtest, daß man mich verhaftet«, sagte ich nachdrücklich, »mußt du aber *doch*.«

»Jetzt mach mal halblang, ja«, schnauzte sie mich an. »Was hast du vor, wofür ich ins Bad gehen sollte? Was denkst du dir eigentlich?«

In diesem Augenblick flog eine Taube vorbei und zwickte mich ins Ohrläppchen. Ich schlug nach ihr, traf sie jedoch nicht.

»Schätzchen, ich liebe dich«, sagte ich verzweifelt, »aber wie du siehst, kommen wir so nicht weiter. Die Tauben haben das Kommando übernommen, also werde ich die Hoteldetektive holen müssen. Sicherlich sind schon häufiger Tauben durch dieses verfluchte Schlafzimmer geflattert, also wird die Geschäftsleitung das Problem kennen und wissen, wie man es löst.«

Gloria schniefte mißtrauisch, schnappte sich die angebrochene Champagnerflasche und wackelte ausgesprochen würdevoll ins Bad.

Fünf Minuten später geleitete ich zwei stämmige Schnüffler in mein Zimmer. Wortlos zogen sie ihre Mäntel aus, schlossen das Erkerfenster, rissen die Tür zum Flur sperrangelweit auf und fingen an, die gefiederten Eindringlinge mit ihren Mänteln wegzuscheuchen. Ich sah zu, wie sie die Tauben den Flur entlang verfolgten. Die Detektive sahen aus wie zwei große, bösartige Raubvögel, die ihrer nächsten Mahlzeit nachjagten.

Ich weiß bis heute nicht, wie sie die Tauben aus dem Hotel gekriegt haben. Vielleicht überhaupt nicht. Vielleicht haben sie sie bloß in die Küche gescheucht und dort zu Pastete verarbeitet. Ich wollte es gar nicht wissen. Ich wollte nur die Tauben und die Detektive aus meinem Zimmer und Gloria aus meinem Badezimmer heraushaben.

Wieder schloß ich die Tür ab und rief: »Gloria, meine Süße, ich bete dich an! Du kannst jetzt rauskommen!«

Beim Verlassen des Badezimmers sagte sie: »Mir ist übel. Ich gehe runter in mein Zimmer. Das war das letzte Mal, daß ich amerikanischen Champagner getrunken habe!«

Und es sollte das letzte Mal gewesen sein, daß ich ihr nahekommen durfte – außer zwischen sieben anderen Mädchen und drei Brüdern auf der Bühne.

Sic transit Gloria!

3.
Die Katze im Sack geht oft nach hinten los

Ich war in New York – allein, gutaussehend und totschick angezogen, was ich nun weiß Gott nicht wollte. Was ich wollte und brauchte, war Liebe, aber da ich mich schon seit einiger Zeit nicht mehr in Manhattan aufgehalten hatte, war mein während all der Jahre so sorgsam geführtes schwarzes Adreßbüchlein fast so leer wie mein Kopf.

Hoffnungsvoll blätterte ich die zerknickten, vergilbten Seiten durch und beschloß, eine der alten Nummern anzurufen. Zuerst versuchte ich die einer süßen kleinen Maus namens Madeleine. Ich erinnerte mich dunkel an sie: Neunzehn, 92–60–92, dazu ein Teint wie Pfirsich mit Sahne. (Ehrlich gesagt, weiß ich überhaupt nicht, wie ein solcher Teint aussehen soll, bin aber sicher, da Henry James ihn in so vielen seiner Romane erwähnt, daß er irgendwas mit der grünen Gegend um Surrey zu tun haben muß – und was dem guten alten Henry recht ist, soll mir nur billig sein.)

Mit klopfendem Herzen wählte ich die Nummer und erwartete die helle, klare Stimme zu hören, die mich früher immer an die Glocken japanischer Tempel erinnert hatte. (Ich muß gestehen, daß ich ihre Stimme nur mit japanischen Tempelglocken vergleiche, weil ich vor kurzem im späten Spätprogramm eine Wiederholung von *Dreißig Sekunden über Tokio* gesehen habe. Aber lassen wir den Krieg in Frieden ruhen. Das ist kein angenehmes Thema, außerdem ist schon viel zu viel darüber geschrieben worden.)

Es meldete sich ziemlich schnell jemand – aber welche Enttäuschung. Keine altjapanischen Tempelglocken! Ein Whiskeybariton seltener Reife drang aus dem Hörer. Ich weiß nicht, wie der Besitzer der Stimme aussah, aber vor meinem geistigen Auge erschien ein stämmiger, breitschultriger Gorilla, der wahrscheinlich für eine Spedition rohes Fleisch ausfuhr. Jedenfalls traute ich mich nicht zu fragen, wo die schöne Madeleine sei. Eines wußte ich mit Bestimmtheit – mein Gesprächspartner war nicht Madeleine. Und falls doch, lag mir nichts mehr daran, den Abend mit ihr zu verbringen.

Ich wählte vier weitere Nummern. Zwei der Mädchen, die ich anrief, waren bedauerlicherweise keine Mädchen mehr. Es kam mir eigenartig vor, aber sie waren älter geworden und hatten inzwischen Ehemänner, Kinder, Kinderwagen, nasse Windeln und Gummihöschen. (Nicht die früheren Mädchen, sondern deren Kinder.)

Nachdem ich diese drei abgehakt hatte, blieben nur noch zwei. Das nächste Mädchen auf meiner Liste war Prudence, und wenn ich mich recht an jene denkwürdige Nacht auf dem Rücksitz eines Taxis erinnerte, strafte ihr Verhalten ihren Namen Lügen. Ihre Mutter war am Apparat und plapperte fünfzehn Minuten auf mich ein, ehe ich ihr wenigstens meinen Namen mitteilen konnte. Sie erzählte mir, ihre Tochter sei inzwischen im Showgeschäft und tingle Nacht für Nacht mit einer drittklassigen Version von *Guys and Dolls* durch die Theater.

»Ach, sie ist toll!« sagte sie. »Ich hab sie in Waterloo, Iowa, auftreten sehen, und obwohl ich ihre Mutter bin, muß ich sagen, daß sie aufgefallen ist wie ein Kuhfladen auf der Autobahn!«

Diese Kurzbeschreibung ihrer Tochter klang nicht allzu verlockend.

»Aber egal«, schnatterte sie weiter, »für den Fall, daß jemand mit ihr Kontakt aufnehmen möchte, hab ich mir ihre Route gemerkt. Von Waterloo aus geht's weiter nach Dubuque, Cedar Raids, Grand Forks, Fargo, Upper Sandusky und East Liverpool, und am Ende bleiben sie dann drei Tage in San Diego. Die reisen richtig vornehm«, fügte sie stolz hinzu. »Die haben zwei Busse, einen für die Schauspieler und einen für die Kulissen. Und erinnern Sie sich noch an die Szene mit den Mädchen von der Heilsarmee? Das sollen nämlich eigentlich Jungfrauen sein, wissen Sie?«

»Ach, tatsächlich?« sagte ich. »Nein, das wußte ich nicht …«

»Doch«, unterbrach sie mich, »und in der Szene treten zwölf Mädchen auf, aber meine Tochter, Prudence, ich muß schon sagen, Prudence hat als einzige wie eine echte Jungfrau ausgesehen!«

Ich dachte an jene denkwürdige Nacht im Taxi zurück, und wenn Prudence eine Jungfrau war, spielte Johanna von Orleans als zweiter Baseman bei den Cleveland Indians. Als die stolze Mutter weiterschwärmte, legte ich sanft auf.

Anschließend wählte ich Celias Nummer, die letzte verbleibende in meinem kleinen schwarzen Buch. Inzwischen hatte ich fünfzig Cent in Anrufe investiert. An Celia erinnerte ich mich gut. Sie war zierlich, trug Kontaktlinsen, hatte einen flachen Hintern und einen allen praktischen Anforderungen genügenden Busen. Sie war hübsch, aber leider intellektuell, wohnte im Greenwich Village und ging ohne ihr schmales, in Leder gebundenes Emily-Dickinson-Bändchen nirgendwo hin, nicht mal ins Bad.

Ich war nicht allzu versessen auf diese letzte Möglichkeit, aber falls Sie wissen, wie man sich fühlt, wenn man allein in einem Hotelzimmer hockt, während kalter Nieselregen an der Scheibe heruntersickert und man von den draußen vorbeihupenden Taxis ununterbrochen daran erinnert wird, daß gerade jetzt viele Glückliche zu heimlichen Verabredungen rasen, wissen Sie auch, daß man weder Sie noch mich in einer solchen Situation lange drängen müßte, vom Chrysler-Building zu springen, geschweige denn in Celias Arme.

Mein letzter Anruf verpuffte wie ein feuchter Knallkörper. Celia war offenbar nicht zu Hause, und falls doch, war sie vermutlich mit etwas beschäftigt, das keinen vorzeitigen Abbruch duldete.

Verzweifelt und verlassen entschloß ich mich zu einem Abendessen im *Colony.* Ich zog mich rasch an und trat in der Eile auf meine Brille. Zum Glück hatte ich meine Sonnenbrille bei mir, mit der ich zwar kaum etwas erkennen konnte, aber offensichtlich trotzdem erkannt wurde, da der Oberkellner mich sofort zu einem Tisch direkt neben der Küchentür geleitete.

Wie in allen guten Restaurants sind die Kellner auch im *Colony* langsam und verrichten ihre Arbeit in aller Muße, und als man mir endlich die Suppe servierte, hatte ich die Speisekarte gerade zum sechsundvierzigsten Mal durchgelesen. Ich kann sie noch heute auswendig, Wort für Wort und Preis für Preis. (Seezungenfilet in Rahmsoße ... 4 Dollar 25. Also bitte! Ein Pott Goldfische kostet einen Dollar fünfundsiebzig, inklusive Futter für ein ganzes Jahr.)

Bis zu diesem öden Augenblick war mir nie aufgefallen, wie sehr man sich in meiner Gegenwart langweilen konnte. Ich hatte mir nichts Neues mitzuteilen und keine Lust, mir schon wieder zuzuhören.

Um nicht ununterbrochen an die Preise denken zu müssen, versuchte ich während des gesamten Fischganges mit einem attraktiven Mädchen zu flirten, das ungefähr acht Tische von mir entfernt saß. Ich probierte die unterschiedlichsten Gesichtsausdrücke: sardonisch, brav, charmant, sehnsüchtig. Mitten im sehnsüchtigen Lächeln geriet mir eine kleine Gräte quer in den Hals, woraufhin mir ein Hilfskellner geschlagene fünf Minuten auf den Rücken hauen mußte, bis die Natur schließlich ein Einsehen hatte und die Gräte an meinem Kropf vorbeigleiten ließ.

»Danke, ich bin satt«, sagte ich. »Bringen Sie mir die Rechnung.« Vor dem endgültigen Verlassen des Lokals wollte ich aber noch einen Blick auf die Liebreizende werfen, deretwegen ich beinahe das Zeitliche gesegnet hätte. Ich schlenderte unauffällig an ihrem Tisch vorbei und stellte erschüttert fest, daß all mein Lächeln für die Katz gewesen war. Das Objekt meiner Begierde entpuppte sich als ältere Dame mit buschigem Oberlippenbart. Wahrscheinlich sollte man beim Flirten keine Sonnenbrille tragen.

Trotz einer großzügigen Schlafmitteldosis schlief ich in der folgenden Nacht äußerst unruhig. Ich träumte nicht von Marmorhallen, sondern von einem Mädchen, das in einer drittklassigen *Guys-and-Dolls*-Aufführung dem Hilfskellner des *Colony*-Restaurants Emily Dickinson vorlas, während eine ältere Dame mit schwarzem Schnauzer und ein stämmiger LKW-Fahrer namens Madeleine durch die Straßen des Greenwich Village tanzten.

Am nächsten Morgen wurde ich vom Schicksal erlöst. Ein ehemaliger Schauspieler, der am Theater ungeheure Mißerfolge gefeiert hatte, las in der Gesellschaftsspalte von meinem Besuch in der Stadt, rief an, um mich in New York willkommen zu heißen, und fügte eilig hinzu, er sei inzwischen sagenhaft erfolgreich in der Bekleidungsbranche und werde mir gern behilflich sei, falls er irgend etwas für mich tun könne.

Nie hatte man diesseits des Paradieses süßere Worte vernommen. Der Bursche war mir seit Jahren nicht über den Weg gelaufen, aber soweit ich mich erinnerte, verstand er allerhand von Mädchen. Und da er inzwischen Kleider herstellte, mußte er die begehrenswertesten New Yorker Mannequins kennen. Ob er irgend etwas für mich tun könne? Ach, was für eine großartige Frage! Seine Worte werden mir bis an mein Lebensende im Gedächtnis bleiben.

Er fragte mich, was ich in der Großstadt mache, und ich antwortete wahrheitsgemäß: »Nichts«. Das heißt, ich aß und schlief natürlich, aber ich war nicht nach New York gekommen, um zu schlafen. Jedenfalls nicht allein. Das hätte ich genausogut in Chillicothe, Ohio, tun können – wahrscheinlich sogar besser. Ich war auf der Suche nach einer Gefährtin – einem umwerfenden, hinreißend schönen Frauenzimmer, das mir jedes einzelne Wort von den Lippen saugen und jedem meiner Befehle auf der Stelle Folge leisten sollte.

Er verstand nicht, was ich redete, begriff aber instinktiv, was ich meinte. »Mit anderen Worten«, sagte er, »du brauchst ein Mädel.«

»Und wie!«

Mein Freund sagte: »Herzchen« (so redet man in der Bekleidungsbranche grundsätzlich miteinander), »ich hab da was für dich, das hast du noch nicht erlebt! Ein absoluter Hammer! Eine Augenweide – von Kopf bis Fuß! Allzu helle ist sie natürlich nicht, aber wenn du lieber geistreich plaudern willst, könnte ich dich mit einem Professor für englische Literatur von der Columbia-Universität zusammenbringen. Netter Mann, so um die fünfzig …«

»Paß auf, Blödmann«, sagte ich, »du schenkst dir jetzt mal den plumpen Sarkasmus und die Vorrede und kommst zu Sache. Sag mir einfach, wie und wo ich mit diesem Ausbund an Liebreiz zusammenkomme.«

»Tja, tagsüber arbeitet sie natürlich, also … Wäre dir heute abend um sieben im Foyer des Plaza-Hotels recht?«

»Mehr als recht! Erstklassig!« sagte ich. »Aber was, wenn auch noch andere Mädchen im Foyer sind? Wie erkenne ich sie? Wird sie eine rote Rose im rechten Ohr tragen?«

»Groucho«, lachte er, »nur keine Sorge. Du wirst sie schon erkennen! Wende dich einfach an das umwerfendste Mädchen im ganzen Foyer!«

Das genügte mir. Nach dem Frühstück machte ich mich auf den Weg zum Optiker und ließ meine Brille reparieren. Nach dem Mittagessen ging ich zur Massage, zum Friseur und zur Maniküre und legte mich eine Stunde unter die Höhensonne. Man hatte mich ermahnt, nicht länger als eine Viertelstunde drunterzubleiben, aber da ich unbedingt kerngesund wirken wollte, blieb ich dummerweise eine Stunde. Als man mich unter der Lampe hervorzog, wurde ich ohnmächtig.

Ich bestellte telefonisch zwei Karten für *Tod eines Handlungsreisenden* – erste Reihe. Ich hatte das Stück nie gesehen. Ich wußte, daß es kein besonders fröhliches Stück war, war aber selbst als Sohn eines erfolglosen Handlungsreisenden aufgewachsen und daher neugierig, ob die Bühnenfigur genauso viel Pech hatte wie mein alter Herr.

Als ich im Plaza ankam, hatte ich mich wegen des Mangels an Erkennungsmerkmalen entschlossen, sehr vorsichtig an die ganze Sache heranzugehen. Etliche hübsche Mädchen flatterten an mir vorbei durch die Eingangstür, aber die meisten waren leider nicht allein. Ich sah zum Mezzanin hoch und entdeckte dort plötzlich ein bezauberndes Wesen, das hektisch winkte und mir bedeutete, ich solle zu ihm heraufkommen.

Beim Näherkommen sah ich, daß sie sich in Begleitung eines kleinen, adretten Mannes befand, der in einer extrem engen Hose steckte und deutlich mehr Schmuck trug als normale Frauen. *Sie* zu beschreiben, fällt mir wesentlich schwerer, denn solche Beschreibungen haben mir nie sonderlich gelegen. Sie trug ein Kleid aus Goldlamé, goldene Sandaletten ohne Strümpfe, leuchtend roten Nagellack auf den Zehennägeln und auf dem feuerroten Schopf ein Netz aus goldenen Drähten, mit dem man einen Elefanten unter dem Auge hätte kitzeln können. Ich dachte mir: »Falls diese Antenne unter Strom steht, könnte ich mich ohne weiteres mit Moskau verbinden lassen und Chruschtschow ordentlich die Meinung sagen.«

Nach der gründlichen Musterung wurde mir ein bißchen mulmig beim Gedanken an mein Lotterie-Abenteuer. Außerdem verwirrte mich der sonderbare Zwerg, der an ihrer Seite herumtänzelte. Wilde Mutmaßungen schwirrten durch meinen Kopf. Wer war der Knirps? Ihr Vater? Ihre Mutter? Ihr Bruder? Ihr Liebhaber? Ich grübelte noch, als sie mich ungefragt aufklärte.

»Darf ich vorstellen? Cecil de Vere, mein Tanzpartner.«

Ich verneigte mich anmutig. Und was nun? Sollten wir drei den ganzen Abend zusammen verbringen? »Tanzpartner?« echote ich. Sie bemerkte meinen gequälten Gesichtsausdruck. »Verzeihen Sie«, sagte ich, »aber Sie sind doch das Mannequin, mit dem ich laut Sam Bernie heute abend ausgehen sollte?«

Sie kicherte, knuffte ihren Begleiter spielerisch in die Seite und erklärte rasch: »Cecil und ich haben heute nachmittag bei einem Tanzwettbewerb im El Morocco mitgemacht. Wir haben den Hauptpreis gewonnen! Eine Magnumflasche Champagner!«

Also genug für drei – das klang schon besser. »Wo ist die?« fragte ich.

»Ach«, lachte sie, »die hab ich dem Chefpagen verkauft. Cecil und ich treffen uns immer hier auf dem Mezzanin. Wir teilen uns das Geld, und damit Schluß. Was wir gewinnen, wird sofort verkauft. Letzte Woche haben wir einen Yorkshire-Terrier für's Twisten gewonnen.«

»Augenblick mal«, sagte ich. »Soll das heißen, Sie twisten demnächst mit einem Hund?«

»Nein, Dummerle«, kreischte sie und verpaßte mir einen derart rüden Schubs, daß ich fast vom Balkon geflogen wäre. »Cecil und ich twisten. Und dafür haben wir einen Hund gewonnen. Hunde können doch gar nicht twisten.«

»Schon gut«, sagte ich. »Dann sieh mal zu, daß du den Wadenklemmer da loswirst«, flüsterte ich beiseite, »damit wir essen gehen können.«

»Cecil«, sagte sie und wandte sich ihm zu, »wir sehen uns morgen im El Morocco. Ta-ta.«

Er verbeugte sich leicht, hielt mir eine schlaffe Hand hin und trollte sich dann.

»Wir gehen nachher ins Theater«, klärte ich sie auf. »Möchtest du in irgendeinem bestimmten Lokal essen?«

»Schätzchen«, lächelte sie, »das liegt alles ganz bei dir.«

Ich dachte: »Noch liegt gar nichts bei mir, aber das kann ja noch werden«. Über diesen stummen Scherz mußte ich so sehr lachen, daß mir beinahe wieder die Brille aus dem Gesicht gefallen wäre.

Vor der Tür winkte ich uns ein Taxi heran. »Zu Moore's Steakhouse, bitte.«

Moore's Steakhouse, ein berühmtes Restaurant im Herzen des Theaterviertels, hatte ich ganz bewußt ausgewählt, weil es nur wenige Minuten vom Theater entfernt lag. Vergessen hatte ich dabei allerdings, daß es im Großraum New York vermutlich kein besser ausgeleuchtetes Lokal gibt als das Moore's. Meine ohnehin schon recht groß gewachsene Begleiterin wirkte dank der goldenen Antenne auf ihrem Kopf wie einsfünfundachtzig.

Ich bin einseinundsiebzig klein, und wir zwei müssen schon einen bizarren Anblick geboten haben, als wir zu unserem Tisch gingen – endlich erfuhr ich am eigenen Leibe, wie man sich als Gegenstand allgemeiner Verwunderung fühlt. Als wir das Restaurant betraten, verstummten schlagartig alle Gespräche. Die Leute stellten das Essen und Trinken ein und glotzten bloß noch dieses unglaubliche Duo an.

Ich hatte vergessen, wie schrill sie wirkte. In einer großen Musical-Revue hätte sie toll ausgesehen, aber in einem hell erleuchteten Steakhouse voller Buchmacher, Spieler und Schauspieler wirkte sie ein klein wenig deplaziert. Allmählich wünschte ich mir, ich könnte mich unter einem der Tische verstecken und dort essen.

Nachdem wir etwas zu trinken bestellt hatten, versuchte ich sie in ein Gespräch zu verwickeln. Vielleicht konnte ich auf diese Weise über gewisse Dinge hinwegsehen.

»Warst du schon mal im Stadion? Den *Polo Grounds*?« fragte ich auf gut Glück.

»Nein«, sie schüttelte die Antenne; Polo interessierte sie nicht. Offenbar war sie früher mit einem Burschen befreundet gewesen, der in Meadowbrook, Long Island, gegen die britische Nationalmannschaft Polo gespielt hatte, und die beiden waren sich in die Haare geraten, weil er den Großteil seiner Zeit mit seinen Pferden verbracht hatte. »Ich hab ihn gewarnt«, sagte sie. »Irgendwann hab ich zu ihm gesagt, Foxhall, wenn du lieber mit einem stinkenden Gaul zusammen bist als mit mir, kannst du von mir aus gleich zur Hölle fahren! Das muß ihn wohl irgendwie getroffen haben. Jedenfalls hab ich nie wieder von ihm gehört.«

»Wahrscheinlich hat er deinen Rat befolgt«, sagte ich, »und ist inzwischen unten.« In jenem Augenblick hätte ich ihm gern Gesellschaft geleistet.

Ich versuchte ihr in einfachen Worten beizubringen, daß man auf den *Polo Grounds* Baseball spielte, aber sie erwiderte nur, sie sei noch nie in einem Stadion gewesen und habe Baseball immer für ein ausgesprochen dummes Spiel gehalten.

Ich legte eine andere Platte auf. »Wo wohnst du eigentlich?«

»In Seattle«, sagte sie.

»Ziemlich weit weg, oder?«

»Oh, nein«, erwiderte sie rasch, »ich fahre jedes Wochenende nach Hause.«

»Kann man sich das vom Gehalt eines Mannequins erlauben?«

»Ich schon«, lächelte sie. »Ich habe einen Freund in Seattle, der mir die Tickets bezahlt.«

Damit stand für mich fest, daß Sam Bernie sich einen ziemlich geschmacklosen Scherz mit mir erlaubt hatte. Wer pendelte schon wöchentlich nach Seattle?

Zum Glück wurde in diesem Augenblick das Essen serviert, und unsere Unterhaltung war einstweilen beendet.

Als wir nach dem Essen aufstanden, wurde es wieder sehr still im Restaurant. Wie schon bei unserem Eintreffen wandte sich alles uns zu, um den Abgang der Riesin und ihres winzigen Gefährten zu verfolgen. Einen Moment lang befürchtete ich, die Leute würden applaudieren.

Wir kamen knapp fünf Minuten vor Beginn der Vorstellung im Theater an. Als wir durch den Mittelgang auf die erste Reihe zusteuerten, verstummte das Publikum. Frauen hörten auf, ihre Handschuhe fallenzulassen, ihre Begleiter hörten auf, sie wieder aufzuheben, und sämtliche Blicke begleiteten das ungleiche Paar auf dem Weg nach vorn. Ich bin sicher, daß zu keinem Zeitpunkt der Vorstellung mehr Augen auf die Bühne gerichtet waren als in diesem Moment auf uns. Meine Begleiterin sah aus wie ein voll aufgetakeltes, hart am Wind segelndes Schiff, und im Schlepp dieses Seglers folgte eine dumme Nußschale, die sich gesenkten Hauptes verzweifelt mühte, nicht auf ihr Kleid zu treten.

Wegen der Frisur wirkte sie im Sitzen sogar noch größer als im Stehen, und ich war absolut sicher, daß niemand in den fünf Reihen hinter ihr besonders viel von der Vorstellung mitkriegen würde.

All jenen, die *Tod eines Handlungsreisenden* nie gesehen haben, sei gesagt, daß es eines der tragischsten Stücke unserer Zeit ist. Erzählt wird die Geschichte eines einsamen, alten, erfolglosen Handlungsreisenden, der, vom Leben und seinen Umständen aufgerieben, zwischen Selbstzerstörung und Mord schwankt.

Im Verlauf der Handlung veränderte sich die Stimmung im Publikum. Der zu Beginn jedes Stückes übliche Frohsinn legte sich, und das begleitende Flüstern verstummte. Alles war still und gespannt.

Urplötzlich brach die hohle, hübsche Hülle an meiner Seite zu meinem Entsetzen in schallendes Gelächter aus und stand daraufhin sofort im Mittelpunkt des Publikumsinteresses. Ich versuchte, tiefer in meinen Sitz zu kriechen, saß aber ohnehin schon fast auf dem Fußboden. Fünfzehn Zentimeter weiter, und ich hätte im Orchestergraben gelegen.

Ich verpaßte ihr einen leichten Stoß in die Rippen. »Liebes«, murmelte ich so giftig, wie ich konnte, »sei bitte still. Dies ist eine Tragödie, und mit deinem Lachen verärgerst du die anderen Zuschauer.«

»Eine Tragödie?« kreischte sie ohrenbetäubend. »So was Lustiges wie das hab ich schon lange nicht mehr gesehen!«

»Mag ja sein, daß du es lustig findest«, flüsterte ich, »aber außer dir findet das niemand in diesem Theater.«

Wieder lachte sie schallend. »Ach, Groucho, immer machst du Witze! Du hältst mich vielleicht für doof, aber wenn ein Stück lustig ist, dann merke ich das sofort!«

Wahrscheinlich hätte ich mich aus dem Theater schleichen und sie einfach sitzenlassen können, nur fühlte ich mich dem Publikum gegenüber verantwortlich und mußte daher zusehen, daß ich die arme Irre irgendwie wegschaffte.

»Engelchen«, sagte ich, »mir geht's nicht gut. Ich habe Magenschmerzen und fürchte, daß ich mich gleich übergeben muß. Ich habe mich noch nie in einem Theater übergeben, und da der Teppich nagelneu aussieht, gehe ich wohl besser mal raus auf die Straße.«

In diesem Augenblick kam der Platzanweiser durch den Mittelgang auf uns zugerannt, erkannte mich und sagte: »Mr. Marx, fehlt Ihrer Begleiterin irgendwas? Sie scheint völlig hysterisch zu sein. Wenn Sie möchten, bringen wir sie nach hinten ins Büro und lassen einen Arzt kommen.«

»Nein, nein, es ist nichts Ernstes«, versicherte ich ihm. »Eher etwas Intimes, aber da Sie hier der Hauptplatzanweiser sind, kann ich Sie wohl einweihen. Der BH meiner Freundin ist nämlich ein bißchen eng und drückt ihr auf den Ischiasnerv. Und jedesmal, wenn das passiert, schreit sie auf – und das klingt dann wie Lachen.«

»Aha«, sagte er. »Trotzdem läßt der Intendant Ihnen ausrichten, daß das Publikum sich gestört fühlt.«

Daraufhin ergriff ich ihren Arm und sagte: »Mir ist übel. Komm. Wir gehen ein andermal zusammen ins Theater.«

Sie stand widerwillig auf und ließ sich von mir förmlich durch den Mittelgang schleifen.

Columbus kann bei der Entdeckung Amerikas nicht glücklicher gewesen sein als ich bei der Entdeckung des Taxis, das direkt vor dem Theater am Bordstein wartete.

»Heureka!« rief ich.

»Was heißt hier Heureka?« wollte sie wissen.

»Der Taxifahrer«, schnauzte ich, » Moe Heureka. Der hat mich schon häufiger gefahren.«

Mit diesen Worten riß ich die Tür auf und bugsierte sie in den Wagen. Die goldene Antenne hatte anschließend leichte Schlagseite. Ich knallte die Tür zu, drückte dem Fahrer zehn Dollar in die Hand und sagte: »Heureka, bringen Sie die junge Dame, wohin sie möchte.«

Mein leeres Hotelzimmer erschien mir plötzlich doch recht verlockend. Ich warf dem zügig verschwindenden Taxi eine Kußhand nach und tänzelte in entgegengesetzter Richtung davon, zurück ins Ungewisse.

4.
Meine beste Freundin ist ein Hund

Ein Mann in meiner Position (momentan horizontal) hört recht häufig seltsame Geschichten über sich. Vor Jahren kursierte beispielsweise das Gerücht, ich hätte mich öffentlich als Sudelsau erwiesen und Champagner aus Sophia Lorens Slipper getrunken. Das ist reiner, verleumderischer Blödsinn. Ich räume ein, daß ich *versucht* habe, den Blubberkram aus ihrem Schuh zu schlürfen, aber sie wollte das blöde Ding nicht ausziehen. Deshalb habe ich den Champagner in einem unbeobachteten Moment aus ihrer Handtasche getrunken und wäre fast erstickt, weil ich versehentlich ihren Lippenstift verschluckt hatte.

Und nun behauptet man, ich sei kein Hundefreund. Kein Hundefreund! Ich! Also wirklich! Wenn ich auf dieser Welt überhaupt jemanden in mein Herz geschlossen habe, dann meine dänische Riesendoggin Zsa-Zsa. Wir sind seit Jahren absolut unzertrennlich. Und daß sie mich neulich nicht nach New York begleitet hat, lag nur daran, daß sie kein Geld für den Bus hatte. Aber ohne meinen Hund fühle ich mich in New York immer schrecklich allein. So allein und verlassen, daß mir jedesmal, wenn ich ein hübsches, junges Mädchen mit Hund in der Hotelhalle treffe, die Tränen kommen und ich den Köter zu einem Drink an die Bar bitte.

Zsa-Zsa und ich leben nun schon seit acht Jahren zusammen und hatten während der ganzen Zeit kein einziges

Mal Streit. Natürlich beißt sie mich manchmal, aber wenn sie das tut, beiße ich sofort zurück. Ich werde ihr schon zeigen, wer bei uns die Hosen anhat!

Für Zsa-Zsas Garderobe gebe ich auch nicht mehr aus, als ich für andere Mädchen ausgegeben habe, und noch nie hat Zsa-Zsa mich um ein neues Halsband gebeten, nur weil der Hund von nebenan gerade eins bekommen hatte. Nie hat sie mir in einem Nachtclub vorgewinselt, auch Fred Astaire tanze Twist und sei kein junger Spund mehr, also solle ich gefälligst meinen Hintern bewegen und meine müden Knochen über die Tanzfläche schlenkern.

Ich gebe Ihnen mein Wort, daß Zsa-Zsa nie gesagt hat: »Schatz, warum nimmst du nicht ein paar Tanzstunden? Dein Häschengehoppel will heutzutage wirklich niemand mehr sehen.«

Verstehen Sie mich nicht falsch: Ich will nicht andeuten, Hunde könnten je das schönste Geschlecht ersetzen, das in unserem schönen Lande blüht. Wie man sich entscheidet, bleibt jedem selbst überlassen. Meiner Ansicht nach sollte ein Mann sogar beides haben dürfen, sowohl einen Hund als auch eine Freundin. Wenn Sie sich allerdings nur eines leisten können, nehmen Sie den Hund. Weshalb? Angenommen, Ihr Hund sieht Sie mit einem anderen Hund spielen: Meinen Sie, er liefe in diesem Fall schnurstracks zu seinem Anwalt, kläffte bitterlich, Ihre Ehe sei in die Brüche gegangen, und verlangte anschließend monatlich 600 Knochen Alimente sowie das bessere Auto und das bescheidene Vierzigtausend-Dollar-Häuschen, auf dem noch immer eine Neunzehntausend-Dollar-Hypothek lastet?

Ich bin nur ein einziges Mal von einem Hund enttäuscht worden – von einem großen Bernhardiner namens Alonzo, den ich eines Tages vom Studio mit zu mir nach Hause nahm. Alonzo hatte in einem Film mitgespielt, verdiente zwölf Dollar am Tag und sah sehr einsam aus. Noch lieber hätte ich natürlich einen Hund mitgenommen, der tausendfünfhundert Mäuse täglich verdiente. Zum Beispiel Lassie. Aber solche Hunde verkehren in wesentlich feineren Rudeln als meinen.

Alonzo jedenfalls war ein hochintelligentes Tier, und daß er ständig mit unserem Brandy das Weite suchte, hielt ich für typisch bernhardinisch, obwohl viele meiner zweibeinigen Freunde dasselbe taten.

Es ärgerte mich allerdings, daß Alonzo das Futter nicht essen wollte, das ich ihm auftischte. Er sagte, er nehme seine Mahlzeiten lieber in einem nahegelegenen Feinkostimbiß ein. (Nicht, daß das Essen bei mir zu Hause lausig wäre; das soll bitte niemand denken, obwohl etliche Leute derartiges geäußert haben. Von einer Frau bekam ich zu hören: »Das geht ja nicht mal als Hundefutter durch!« Offenbar war Alonzo an jenem Abend in der Nähe gewesen und hatte sich deshalb entschlossen, auswärts zu speisen.)

Obwohl ich natürlich verletzt war, als Alonzo mich sitzen ließ, hielt ich die Schnauze. Immerhin verdiente er zwölf Dollar am Tag, also acht Dollar mehr als ich zu jener Zeit.

Nachdem er mir eine Woche lang Gesellschaft geleistet hatte, versetzte er mir den Schock meines Lebens. Als ich am Samstagabend gerade mit dem Markieren der Pegel in meinen Brandyflaschen fertig war, streckte ein kleiner Mann seinen Kopf aus Alonzos Fell und bat um sein Honorar – zwölf Dollar pro Tag! Natürlich hätte ich Verdacht schöpfen müssen, spätestens an jenem Tag, als eine Freundin mich mit ihrer Katze besucht hatte. Statt die Katze zu jagen wie ein normaler Hund, war Alonzo hinter meiner Freundin her gewesen.

Möglicherweise ist infolge dieses Zwischenfalls das häßliche Gerücht aufgekommen, ich sei kein Hundefreund. Die Leute luden mich nicht mehr zu sich nach Hause ein – sogar Leute, die mich ohnehin nie eingeladen hatten. Frauen gingen ohne Knicks an mir vorbei, und sogar mein Barbier schnitt mich. Das schmerzte am meisten. Aber solange nur mein treuer Hund zu mir steht, will ich mich nicht beklagen.

Meine hündische Zuneigung zu Hunden bedeutet allerdings nicht, daß ich für andere Haustiere nichts übrig hätte. Mein ganzes Leben lang habe ich mit irgendwelchen Biestern zusammengelebt, selbst wenn es manchmal nur kleine, entfernte Verwandte waren oder Stinktiere. (Und Sie dürfen mir glauben, daß da kein allzu großer Unterschied besteht.)

Als ich klein war, bekam ich zwei Meerschweinchen geschenkt, die ich – nach anfänglichen Schwierigkeiten – wie Brüder lieben lernte. Im Grunde war es viel schwieriger, meine Brüder wie Brüder lieben zu lernen. Die Meerschweinchen zogen jedenfalls in unseren Keller, und als ich eines Nachmittags hinunterstieg, war der Fußboden förmlich übersät mit kleinen, pelzigen Wesen.

Damals war mein Herz noch nicht so groß wie heute, also konnte ich höchstens dreißig oder vierzig Meerschweinchen hineinschließen. Ich steckte in der Klemme. Haben Sie je einen ganzen Nachmittag lang mit sechsundneunzig Meerschweinchen in der Klemme gesteckt?

»Verkauf sie«, schlug mein Bruder Harpo vor.

»Wenn das alles ist, was du dazu zu sagen hast«, erwiderte ich, »hältst du besser ganz die Klappe.«

Harpo hat seither kein einziges Wort mehr gesagt, und ich kann Ihnen gar nicht sagen, wie sehr mich das freut.

Mein Bruder Gummo kam zu uns in den Keller und meinte ebenfalls: »Verkauf sie.«

Da offenbar keiner meiner Brüder von den pelzigen Nagern begeistert war, nahm ich den Rat an, ging in die nächstgelegene Zoohandlung und bot meine sechsundneunzig Meerschweinchen für lumpige zwanzig Dollar feil.

Der Verkäufer kratzte sich am Kopf. Dann ging er im Laden auf und ab und trat dabei zwei meiner Meerschweinchen, die ihm im Weg waren. »Paß auf, Junge, wir machen folgendes«, sagte er. »Ich schenke dir hundert Meerschweinchen, lege noch einen Kakadu obendrauf – und zahle dir drei Dollar bar auf die Hand.«

Aber zurück zum eigentlichen Thema dieses Kapitels. Als Ganzjahreshaustier eignet sich nichts so gut wie eine einzelne, stammbaumlose Revuetänzerin. Wie Malteserkatzen fühlen sich auch Revuetänzerinnen zu jenem Menschen hingezogen, der sie mit Nahrung versorgt. Damit hören die Gemeinsamkeiten aber leider auch schon auf, denn während man Malteserkatzen zu einem Schüsselchen Milch ins Erdgeschoß ausführen kann, bestehen Tänzerinnen meist darauf, im *Pavillon* oder im *21* zu speisen, wo man ein anständiges Essen für zwei Personen schon ab achtundsechzig Dollar bekommt. Vorausgesetzt, man gibt dem Kellner kein Trinkgeld.

Auf dem Schoß von armen Leuten hat die Revuetänzerin also nichts zu suchen; trotzdem hoffe ich, daß ich irgendwann mal eine haben darf.

5.
Aufs falsche Hormon gesetzt

In der Medizin wechseln die Stile fast so schnell wie in der Modebranche. Das Allheilmittel von heute ist die Tollkirsche von morgen. Momentan lehren die meisten Herzspezialisten ihre Patienten mit schaurigen Cholesteringeschichten das Fürchten, und als Fettleibiger ist man hin- und hergerissen zwischen Freßsucht und Überlebenswillen. Man weist die Dicken mahnend darauf hin, wenn sie nicht ein paar Kilo ihres überschüssigen Schwabbelspecks abhungerten, stünden sie bald mit beiden Stampfern in der Kiste.

Die heutzutage als gesund geltenden Nahrungsmittel sind allesamt kaum schmackhafter als feuchtes Löschpapier. Eier sind Gift, und reiche Leute, die für Margarine früher nur ein spöttisches Lächeln übrig hatten, schmieren sie sich inzwischen aufs Brot, als sei sie genießbar.

Gestern abend habe ich ein typisches cholesterinfreies Abendessen zu mir genommen: gebackenen Kürbis, Magermilch und Gelatine. Dadurch wird sich mein Leben bestimmt nicht verlängern, mir aber immerhin wesentlich länger vorkommen.

Ich erinnere mich noch an die Zeit, als allen Kindern reicher Eltern die Mandeln herausgenommen wurden. Einer meiner damaligen Spielkameraden hatte Senkfüße. Seine

Mutter schleppte ihn zum Arzt. Dieser Fachmann in Weiß konnte zwar nichts gegen Senkfüße tun, dafür aber ein bißchen Geld für ein weiteres Semester an der medizinischen Fakultät brauchen, also nahm er dem Jungen die Mandeln heraus. Aus lauter Dankbarkeit und quasi als Zubrot, erlaubte ihm daraufhin die Mutter des Jungen, ihr den Blinddarm herauszunehmen. Einige Monate später nahm er sogar *sich* etwas heraus, nämlich, die Mutter zum Essen auszuführen. Auch dafür hat sie teuer bezahlen müssen, aber das gehört nicht hierher.

Vor etlichen Jahren machte Testosteron Schlagzeilen. Dieses magische Serum stammt zum einen aus Wien und zum anderen aus einem ganz bestimmten Pferdekörperteil. Aus welchem, möchte ich nicht öffentlich erörtern, aber eines verrate ich Ihnen – ohne diesen Körperteil gäbe es schon lange keine Fohlen mehr.

Theoretisch mußte man sich dieses Zeug im Laufe von drei Monaten bloß zwölfmal injizieren lassen, um wieder so lebenslustig und vital zu werden wie ein junger Hengst. Einem Mann mit chronisch niedrigem Blutdruck und gelegentlichen Suizidneigungen mußte dies wie eine Abkürzung zum legendären Jungbrunnen und allen damit verbundenen Annehmlichkeiten erscheinen. Eine Stunde nach der Lektüre des überschwenglichen Artikels saß ich bei meinem Arzt und ließ mir die erste Spritze verpassen. Allmorgendlich sah ich gleich nach dem Aufstehen in den Spiegel und suchte hoffnungsvoll nach meiner vergangenen Jugend. Ich sah manches in jenem Spiegel. Ich sah ein klappriges Gesicht am Rande des völligen Zerfalls, ein hängendes Kinn und fünfzehn bis zwanzig vor sich hin faulende Zähne, aber nirgendwo eine Spur von dem, was ich zu finden gehofft hatte.

Nachdem der Arzt mir die zwölfte magische Ladung verpaßt hatte, mußte ich mir schweren Herzens eingestehen, daß alles wieder einmal Lug und Trug gewesen war, der Arzt ein mieser Gauner und die schöne Aussicht vor meinem geistigen Auge nur eine sexuelle Fata Morgana, die ich höchstens erreichen konnte, wenn dieser ganze Reinkarnationsunfug sich am Ende doch als wahr entpuppte.

Einige Monate später traf ich auf dem Weg ins Armenhaus mit dem Scharlatan zusammen (er war auf dem Weg zur Bank), der mir bis zu diesem Zeitpunkt zweihundertvierzig Dollar aus der Tasche gezogen und in seiner eigenen verstaut hatte.

»Groucho!« rief er und trat ein paar Schritte zurück, um mich ausgiebig zu mustern. »Sind Sie's wirklich, Groucho? Sehe ich vor mir den Mann, der vor drei Monaten als völliges Wrack in meine Praxis gekommen ist? Mensch, Sie sehen ja aus wie dreißig – und keinen Tag älter! Sind Sie auch wirklich nicht Tony Curtis?«

»Nein, ganz bestimmt *nicht*«, schnaubte ich. »Ich bin Groucho Marx, und wenn Sie mir das noch immer nicht glauben, fahre ich nach Hause und hole meinen Führerschein.«

Er setzte ein falsches Lächeln auf, blieb aber hartnäkkig. »Die Testosteron-Spritzen *müssen* gewirkt haben, sonst wären Sie doch wiedergekommen. Sie sehen aus wie ein neuer Mensch. Wie geht's Ihnen?« fragte er und strich sich über die Tasche mit meinem Geld.

»Lausig«, erwiderte ich.

»Hmmmm«, brummte er und zupfte nachdenklich an seinem linken Ohrläppchen. »Wollen Sie damit sagen, die Spritzen hätten nicht funktioniert?«

»Oh, doch, Doktor, die Spritzen haben funktioniert, aber der Inhalt nicht.«

»Ach, kommen Sie«, hakte er nach, »hat denn das Testosteron bei Ihnen überhaupt nichts bewirkt?«

»Doch, das hat es«, gab ich zu. »Gestern war ich auf der Rennbahn in Santa Anita und bin die Meile in zwei Minuten und zehn Sekunden gelaufen.«

II. Teil
Verwicklungsgeschichte der Liebe

Kein Mensch könnte ohne Hilfestellungen ein so monumentales Kapitel wie dieses über die Entwicklung der Liebe verfassen. Besonderen Dank schulde ich Dekan William Emmish, Prüfungsvorsitzender an der Lawford University, und dem ehrenwerten Dekan Dent, Aufsichtsratsvorsitzender der Firma Colgate, dem indirekt die Bissigkeit dieses Kapitels zu verdanken ist.

Ebenfalls viel verdankt der Autor, der nicht öffentlich als Stinktier dastehen möchte und deshalb lieber öffentlich dankt, dem vom Colonel selbst verfaßten Buch *Leben und Lieben von Colonel Harpo Marx,* außerdem den Unterwäscheanzeigen der Firma J. C. Penney und Miss Phyllis Wiekowski, Zimmermädchen im *Mansion House* in Jacksonville, Florida.

Mein Dank gilt außerdem den Herausgebern der *Encyclopedia Britannica* für ihren wundervollen Band *Remo* bis *Sog,* dem Verleger von *La Vie Parisienne,* der reizenden kleinen Nudistenkolonie in New Hampshire und dem Abonnementshausierer des *Life*-Magazins (weil ich das oben angeführte Lexikon nie gekauft hätte, wäre er nicht so hartnäckig gewesen).

Schließlich habe ich auch H. G. Wells für seine *Geschichte der Welt* zu danken, sowie meinen Brokern Merrill Lynch, Pierce, Fenner und Smith für die allmonatliche Depotvermehrung. Meine wichtigste Informationsquelle waren allerdings die schmutzigen Postkarten, die ich in kleinen Pariser Nebengassen käuflich erwerben durfte. Also dann: Ab geht die Post.

Vor Jahrmillionen ging es auf unserem dußligen Planeten in Liebesdingen drunter und drüber. Die Menschen waren noch schleimige Kreaturen und hatten große Ähnlichkeit mit Läusen beziehungsweise dem Kerl, den Ihre Frau damals fast geheiratet hätte. Man nannte sie Amöben – bis sie zu Geld kamen und ihren Namen in *First National Bank* änderten.

Um ehrlich zu sein (und warum sollte ich nicht?), war an diesen frühen Amöben nur wenig Liebenswertes. Sie konnten nicht plaudern; optisch machten sie weniger her als jeder anständige Kontoauszug, und zudem waren sie ständig pleite. Tatsächlich fehlte es Ihnen nicht nur an Geld, sondern auch an Rückgrat, Armen, Beinen, Zähnen und Augen. Aber sie konnten lieben.

Natürlich war es sehr praktisch, daß die Amöben nicht sehen konnten, denn hätte je eine Amöbin ihr Männchen erblickt, wäre die ganze Affäre den Bach runtergegangen und unsere Erde heute so öd und leer wie der Kopf eines durchschnittlichen Teenagers. Das soll allerdings nicht heißen, die Amöben hätten über die Zukunft nachgedacht. Amöben dachten immer nur an andere Amöben, mit denen sie sich unter irgendwelchen Steinen verabredet hatten, um zu ***.

Sie wissen genausogut wie ich, was die Sternchen bedeuten, also kommen Sie mir bloß nicht komisch. Und wenn Sie jetzt vielleicht das lüsterne Grinsen abstellen und sich in Erinnerung rufen könnten, daß dies eine wissenschaftliche Abhandlung ist, brauchten Sie zum Lesen des ganzen Schrotts statt zwölf Minuten bloß neunkommaneun Sekunden, also nicht mehr als die weltbesten Hundertmeterläufer. (Um ehrlich zu sein, habe ich nie begriffen, weshalb die Teilnehmer beim Hundertmeterlauf so versessen darauf sind, die Ziellinie zu erreichen. Wenn sie einfach am Start stehenblieben, kämen sie nicht erschöpft und verschwitzt am anderen Ende an. Ach, so vieles im Leben ist wie ein Hundertmeterlauf.)

Aber ich schweife ab. Die ersten Menschen trafen also, wie bereits erwähnt, unter Steinen zusammen, womit auch dem Dümmsten klar sein dürfte, weshalb man die damalige Epoche als Steinzeit bezeichnet. Heute ist das Ganze komplizierter; man trifft sich nicht mehr unter Steinen, muß aber als Mann häufig teure Steine verschenken, um lästige Klamotten aus dem Weg zu räumen.

Mehr Platz wollen wir dem Amöbolithischen Zeitalter nicht einräumen, denn die Amöbe trug so gut wie nichts zur Entwicklung der Liebe bei – mal abgesehen vom dem kaum erwähnenswerten Banalschlager »Amöbe mio«.

Erst mit der Auster, die unmittelbar nach der Amöbe und unmittelbar vor der Suppe kommt, wurde die zarte Beziehung zwischen den Geschlèchtern eine Spur raffinierter. Männliche Austern verstanden das weibliche Wesen von Geburt an instinktiv. Sie wußten, daß man bei einer weiblichen Auster nur landen konnte, wenn man ihr ein Geschenk mitbrachte. Also kamen sie auf die Idee, Perlen herzustellen. Es sollte nicht die letzte glänzende Idee der Austern sein, denn sie perlen noch heute aus Eintöpfen oder roh geschlürft über manchen Gaumen.

Damit wir uns nicht mißverstehen: Die heutige Auster ist nicht die Auster von vor fünfzehn Millionen Jahren, sofern man nicht zufällig in *Joe's De Luxe Meeresfrüchte-Grotte* einkehrt und Joe gerade der Ketchup ausgegangen ist. Und selbst dann ist die Verwandtschaft rein geschmacklich.

Obwohl sich die Urauster (*Homo Austerolithis*) zeit ihres Lebens nicht zurückhielt und man damals von Geburtenregelung noch nicht viel gehört hatte, starb die Rasse vor Jahrtausenden aus. Weshalb? Weil die dumme

Auster ständig auf ihrer Austernbank hockte, den lieben Gott eine gute Auster sein ließ und so zu einer leichten Beute für stärkere Lebewesen wurde. Die Auster hatte noch keine schützende Schale und keinen Panzer, mit dem sie Feinde wie (um nur einen zu nennen) den aggressiven und zudem äußerst gerissenen Lachs hätte abwehren können. Wie Sie sicherlich wissen, verstecken sich Lachse in Blechbüchsen und kommen nur an Sonntagen heraus, wenn Verwandte unangemeldet zum Mittagessen vorbeischneien. Trotz seines bekanntermaßen (und verständlicherweise) unterentwickelten Geschlechtstriebes ist der Dosenlachs nicht ausgestorben. Er ist in allen Epochen und allen guten Feinkostgeschäften vertreten und siedelt bevorzugt zwischen Tomaten und gehackten Zwiebeln.

An dieser Stelle muß ich ausdrücklich darauf hinweisen, daß bisher kein Anthropologe erklärt hat, wie und wo der Urmensch aufgeklärt wurde. Ich persönlich bin zu dem Schluß gekommen, daß Amöben und Austern, genau wie Sie, ihr Wissen Geschichten über Blumen und deren Pollen verdankten sowie erschöpfenden Studien von Romanen wie *Der Wendekreis des Krebses* und *Die Unersättlichen.*

Dem Pflanzenleben folgte jedenfalls zuerst das Tierleben, dann die Allgemeine Leben und die New Yorker Leben – und als Allerletztes der gemeine Versicherungsvertreter, der ständig bei irgendwelchen Menschen anruft und ihnen mitteilt, ihre Versicherung sei abgelaufen und gleiches gelte auch für ihre Lebensuhr, wenn der Beitragsscheck nicht am nächsten Morgen in seinem Briefkasten stecke. (Dies bezeichnet man als Aufschub. Diesem folgt ein Abzug, wie Ihr nächster Auszug zeigt.)

Damit verlassen wir die Austerolithische Epoche, und die Freude darüber ist ganz meinerseits.

Zweiundfünfzigtausend Jahre vergingen – ein bloßer Wimpernschlag in jenem unergründlichen Zeitraum, den wir Ewigkeit nennen. Ewigkeit! Ihre schier unermeßliche Endlosigkeit entzieht sich jeder Vorstellungskraft, also bringe ich wohl besser ein bißchen Licht ins Dunkel. Denken Sie zum Beispiel an die Entfernung zwischen Sonne und Erde. Oder, noch besser, denken Sie an eine Zahl zwischen eins und zehn. Verdoppeln Sie die Zahl. Zählen Sie zwölf dazu. Ziehen Sie die ursprüngliche Zahl wieder ab. Ist das Ergebnis neun? Aber ja, natürlich!

So, und wenn Sie jetzt diese Neun mit ein paar Millionen Lichtjahren multiplizieren, kriegen Sie eine ungefähre Vorstellung von der späteren Bedeutung der Liebe für den behaarten Rohling (*Homo Cavus*), der auf einem moosbewachsenen Stein vor seiner Höhle hockte und sich fragte, ob der Dow-Jones-Index wohl jemals wieder dorthin klettern würde, wo er noch ein paar Monate zuvor gewesen war.

Inzwischen hatte der Mensch Beine, Arme, eine Wirbelsäule und Augen entwickelt. Kinn und Haaransatz begannen zu fliehen, aber noch bedeckte ein Bart sein Gesicht, also hätte er sich um eine Mitgliedschaft im *Union League Club* bewerben können. (Der Club war zwar noch nicht erfunden, aber trotzdem hockten schon Mitglieder an den Fenstern – und warteten offenbar darauf, daß ein Gebäude drumherum gebaut würde.)

Ungeachtet seines Bartes war der frühe Höhlenmensch von kindlichem Gemüt und konnte Geschlechtsbestimmungen nicht rational, sondern lediglich instinktiv vornehmen. Er wußte, daß Männer sich von Frauen unterschieden, hätte aber nicht sagen können, weshalb. Diese primitive Unwissenheit stürzte den Homo Cavus in manche Verlegenheit, bis schließlich Emig Bik, ein deutlich höher entwickelter Rohling, etwas entdeckte. Als er wieder einmal den ganzen Tag lang vor seiner Höhle stand und die Leute kommen und gehen sah, fiel es ihm plötzlich wie Schuppen von den Augen: Diejenigen, die Röcke trugen, waren Frauen; und die mit den Hosen waren Männer – außer in Schottland.

Von diesem Tage an wurde das Leben wesentlich leichter. Bald ging auch niemand mehr auf allen Vieren, denn derselbe Emig Bik hatte darauf hingewiesen, durch den aufrechten Gang brauche man nicht mehr zwei Paar Latschen, sondern nur noch eines. Und so erfand das primitive Genie unmittelbar nach der Entdeckung der Frauen auch gleich die Sparsamkeit – schon damals folgte also das eine mit zwingender Logik aus dem anderen.

Das Leben war einfacher geworden, blieb jedoch weiterhin verwirrend, gefährlich und beunruhigend. Sämtliche Naturgewalten versetzten den Höhlenmenschen in Angst und Schrecken. Er schlotterte bei jedem Blitz, und wenn lauter Donner über den Himmel rollte, machte er seine Götter dafür verantwortlich und wünschte, er könne endlich die Schrift erfinden und einen Brief an die Kummerkastentante schreiben.

An stürmischen Tagen war der frühe Höhlenmensch (*Porgie Amok*) bedrückt und ängstlich. Wenn es regnete, blieb er in seiner Höhle, statt draußen Bären, Hirsche und Dinosaurier in den Tod zu schicken. Zwar war er in todschicke Felle gehüllt, aber der Wind heulte, und der Regen prasselte, und der Primitive fürchtete sich sehr.

In seiner Höhle herrschten nackte Wände und nackte Langeweile. Er hatte noch nicht gelernt, mit seiner Gefährtin zu sprechen. Und auch von Liebe – menschlicher Liebe – verstand er noch nichts. (Kinder wurden erst ein Jahr später erfunden). Also schmollten der Höhlenmann und seine Höhlenfrau, grunzten einander an und warteten, daß der Regen nachließe.

Sie warteten einen Tag, zwei Tage, drei Tage, eine Woche, aber der Sturm tobte weiter, und schließlich fand sich in der ganzen Höhle nichts Eßbares mehr. Der Urmann hatte Hunger, ebenso wie seine Frau, die aber nichts sagte – hauptsächlich, weil die Sprache noch nicht erfunden war.

Der Rohling sah seine Frau grimmig an. Falls der Regen nicht bald aufhörte, würde ihm nichts anderes übrigbleiben, als an ihr herumzukauen – und das wußte auch seine Frau. Mit einem Grunzen gab sie ihm zu verstehen, er werde hoffentlich etwas anderes finden, um seinen Hunger zu stillen, doch es regnete und regnete immer weiter.

Schließlich war es soweit. Wild knurrend stürzte sich Porgie Amok auf sein Weib und biß ihr in die Schulter. Als er das tat, berührte seine Pranke Frauenfleisch. Diese Berührung bescherte ihm ein seltsames, belebendes Gefühl. Er biß erneut zu – diesmal etwas zärtlicher. Als er ihr mit den Händen durch die Locken fuhr, bebte sein Innerstes vor Erregung. Instinktiv schlang er seine knorrigen, affenartigen Arme um ihre weichen, weißen Schultern und fühlte hautnah das Pulsieren ihres Körpers. Auch sie fühlte dies und war verblüfft über die vollkommen neue Empfindung. Sie atmeten schwer; einander ekstatisch umschlingend keuchten sie heraus, was für unsereins vielleicht bloß nach gutturalem Grunzen geklungen hätte, für diese primitiven Wesen jedoch die ersten süßen Klänge der Liebe waren. Ich könnte diesen Bericht seitenlang fortsetzen, neugieriger Leser, aber auch ich bin nur ein Mensch aus Fleisch und Blut und muß mich auf meine Arbeit konzentrieren.

Schließlich legte sich der Sturm, und der frühe Rohling war traurig. Er wollte nicht nach draußen gehen. Während seine Nachbarn auf der Suche nach Nahrung über die Felder strichen, stand er am Ausgang seiner Höhle, spähte in den Himmel und wartete hoffnungsvoll auf neuerliche Anzeichen von Regen. Am liebsten hätte er all seinen Freunden erzählt, wie der Sturm die Liebe in sein Leben geweht hatte, aber wie ich bereits sagte, gab es noch keine gemeinsame Sprache. Überhaupt keine Sprache – nur Grunzlaute, die bedeuteten: »Na, wie geht's?« – »Danke, gut, und selber?« – »Kann nicht klagen.« – »He, die gestutzten Brusthaare stehen dir. Sieht toll aus.« – »Freut mich, daß du das findest. Meine Frau meint, ich sehe aus wie ein Brontosaurier.«

Und so harrte Porgie schweigend des nächsten Regens. Die Liebe war zum Greifen nah. Eines Nachmittags erkannte er anhand der Wolken, daß es bald im dreißig Meilen entfernten Tal zu regnen beginnen würde, und machte sich auf den Weg dorthin, so schnell ihn seine kurzen Stampfer trugen. Seine Frau glaubte, er wolle jagen, und in gewisser Weise hatte sie damit sogar recht.

Porgie rannte bis zum Einbruch der Nacht und erreichte schließlich das Tal, in dem es wahrhaftig regnete. Frohen Herzens betrat er eine Höhle, und in der Höhle saß – ganz allein, eine Frau …

Die Entdeckung der Liebe verbreitete sich wie ein Lauffeuer. Porgie wurde als Großer-Liebhaber-der-auf-Regen-wartet bekannt. Er wartete aber auch noch auf etwas anderes, nämlich auf die Erfindung der Sprache, um endlich beim Bowling mit seinen Eroberungen angeben zu können. Hätte es schon Wörter gegeben, wäre ihm wohl folgendes kleines Gedicht in den Sinn gekommen:

Horch, was kommt von draußen rein,
Porgielein, Porgielein,
Draußen muß wohl Regen sein,
Schon kommt Porgie rein.

Aber ach, ihm fehlten die Worte! Und ihm fehlte der Regen!

Eines Tages sah es aus, als wolle der Himmel seine Pforten öffnen, also ging Porgie seiner Liebesbeschäftigung nach. Und wieder machte die Liebe Porgie zum Propheten. Es regnete dann nämlich doch nicht, und so entdeckte unser *Homo Cavus,* daß die Paarungszeit nicht von den Unbilden der Witterung abhängt. Die Paarungszeit begann (damals wie heute) am ersten Januar und endete am einunddreißigsten Dezember.

Ein Jahr verging. In der Ecke von Porgies Höhle hockte inzwischen ein kleiner Rohling und schliff mit bloßen Fußsohlen Speerspitzen. Der Kleine hieß *Stoneface,* und Höhlenmann und Höhlenfrau grunzten. Auf ihre bescheidene Weise waren sie zufrieden. Sie ahnten nicht, daß hoch im Norden eine neue Zivilisation entstehen sollte.

Mit der Eis- bzw. Glazialzeit (bei den Männern der romanischen Rasse im allgemeinen zwischen fünfundvierzig und siebzig) müssen wir uns nicht allzu lange aufhalten. Sie gilt als Zeitalter der Kälte und insgesamt frostigen Beziehungen zwischen den Geschlechtern, was allerdings vielleicht nicht ganz genau zutrifft.

Im großen und ganzen war der Mensch der Glazialzeit eher desinteressiert. Er war nach allen Seiten von Eis umgeben, mit dem er ohne Mineralwasser oder Ginger Ale natürlich nichts anfangen konnte, und die abendliche Begrüßung der Männer durch ihre Gefährtinnen fiel nicht selten eiskalt aus. Auch die Frauen fanden ihre Männer häufig unterkühlt vor. Sie wieder aufzuwärmen, war mühevolle Arbeit und der Liebe nicht eben förderlich.

Professor H. M. S. Wimpble berichtet von einer Eiszeitfrau, die ihren Mann in den Armen einer anderen festgefroren fand. Sie machte auf der Igluschwelle kehrt und verließ den schändlichen Betrüger mit den frostigen Worten: »Ich hab doch gewußt, daß man dich nicht tauen kann!«

Die Antwort ihres Mannes ist aus Zensurgründen nicht überliefert. Alles in allem war die Eiszeit jedenfalls eine eher unerfreuliche Epoche.

Etliche Menschen schreiben über die Liebe, ohne je mit ihr in Berührung gekommen zu sein. Sollten Sie noch nie mit bebenden Lippen eine Frauenwange liebkost und Ihre Schuhe mit dem neuen Gästehandtuch Ihrer Frau gewienert haben, so haben Sie die Liebe noch nicht kennengelernt – und Ihre Frau auch nicht.

Man kann nicht aus Büchern lieben lernen, denn die Liebe ist ein wieselflinker Kobold, der mal hierhin, mal dorthin springt, Herzen mit seinem Zauberstab berührt und dann wieder davonflattert wie die ersten Frühlingsboten. (Gar nicht schlecht geschrieben, dieser letzte Satz. In manchem Buch für fünf Dollar findet man schlechtere. Ich muß es wissen, schließlich habe ich ihn aus einem solchen Buch.)

Aber zurück zur Liebe (*Kardia Spornatium*): Seien Sie, werter Leser, versichert, daß diese Zusammenfassung der wahre Jakob ist – der furchtlose Jakob, der nicht um Pardon bittet und kein Pardon gewährt. Wie ich bereits Professor H. M. Thorndyke von der Bostoner Gesellschaft für Anthropologie und Angewandtes Faseln schrieb (der, wie ich gerade merke, auf meinen Brief nie geantwortet hat), stehe ich persönlich dafür gerade, daß dieses Kapitel Wort für Wort der Wahrheit entspricht. Falls mir jemand auf diesen Seiten auch nur einen einzigen Irrtum nachweist, spende ich umgehend fünftausend Dollar ($ 5000) an die MRS.-GROUCHO-MARX-STIFTUNG ZUR BETREUUNG UND BELEHRUNG VON MR. GROUCHO MARX und, als zweiten Preis, für jedes der Kinder fünfzig Cent (50 ¢).

Schreiben Sie bitte leserlich und nur auf der Vorderseite, selbst wenn Sie mir bloß per Postkarte mitteilen wollen, daß es die ganze Zeit regnet und daß Tante Molly schon wieder ein Kind bekommen hat.

Über die dunkle Vorzeit werde ich Ihnen nicht viel erzählen, da wir Historiker über diese Epoche kaum etwas wissen. Ehrlich gesagt, war sie nämlich so dunkel, daß niemand etwas sehen konnte, und diejenigen, die doch etwas sahen, waren zu höflich oder zu beschämt, darüber zu berichten.

Aber auch dunkle Zeiten können ereignisreiche Zeiten sein. Ich zum Beispiel weiß noch sehr genau, was sich im dunklen Flur unseres Hauses ereignete. Oft griff mein Bruder Harpo auf der Suche nach dem Klavier versehentlich dem Hausmädchen in die Tasten. Das führte sehr bald zu Protesten der Nachbarn. Und zu Protesten der jungen Dame. Die nämlich war auf ihre süße, kindliche Art in meinen Vater verknallt. Ihre Zuneigung war sanft, unverdorben und mädchenhaft. Sie verlangte lediglich von ihm, er solle seine Kinder verkaufen und mit ihr nach New Jersey durchbrennen, wo ihr Bruder auf einem Bauernhof kleine Bauern und große Sorgen züchtete, mit denen er seine Frau tagein tagaus zum Heulen brachte. (Die Landwirtschaft arbeitete zu diesem Zeitpunkt noch nicht mit chemischen Reizstoffen, um nährstoffreiche Felderbewässerung zu gewährleisten.)

Es ist meinem Vater hoch und ewig anzurechnen, daß er keinen Augenblick ernsthaft in Erwägung zog, seine Kinder zu verkaufen und abzuhauen. »Ach, was würde ich denn schon kriegen für fünf gebrauchte Jungs?« donnerte seine Stimme durch das alte, verkommene Herrenhaus. »Da kann ich doch gleich hierbleiben!«

Jaja, so wa' das damals auf de' Plantage unte'm guhdn aldn Massa Ma'x. Und so liebten ihn die Sklaven, diesen freundlichen, verständnisvollen Mann, der als einziger Großgrundbesitzer des ganzen Bezirks niemals eine Peitsche besessen hatte. (Um ihre Dankbarkeit zu zeigen, veranstalteten die Sklaven eine Sammlung und kauften meinem Vater eine Peitsche, mit der er sie dann ausgelassen und herzlich lachend prügelte, daß ihnen Hören und Sehen verging.)

Wie ich bereits anzudeuten versuchte, lebten die Menschen in dunkler Vorzeit in einem Zustand ständiger geistiger Umnachtung. Es ist überliefert, daß ein hungriger, im Dunkeln tappender Neandertaler am Eingang seiner Höhle zu knabbern begann. Er dachte, es handle sich um Spinat mit einem Hauch mehr Sand als gewöhnlich. Obwohl seine Frau ihm daraufhin die Höhle heiß machte, mampfte der verwirrte Neandertaler Zahnhals über Kopf weiter, bis er sich und seine Frau um Haus und Hof gefressen hatte. So wurde übrigens auch diese Redewendung geprägt, denn mangels gültiger Währungen konnte man damals noch nichts anderes prägen.

Wenn eine Frau mit mehreren Männern verheiratet ist, bezeichnet man das als Polyandrie. In der Stein- und Eisenzeit unbekannt und in der dunklen Vorzeit nur Gegenstand heimlichen Munkelns, nahm diese Form des Zusammenlebens ihren eigentlichen Ursprung im Gepäckzeitalter, jener trostlosen Epoche, in der kein Mann eine Frau ins Hotel abschleppen konnte, solange er nicht einen Koffer oder eine Frau bei sich hatte. Aber damals gab es sowieso keine Hotels, also mußten Reisende auf Bauernhöfen Unterschlupf suchen, wo es jeweils nur ein Bett gab, und die daher zum Gegenstand etlicher guter Witze geworden sind, mit denen ich mich hier nicht weiter beschäftigen kann.

Die traumatischen Zustände des Gepäckzeitalters fanden auch in späteren Epochen ihren sprachlichen Niederschlag: So nannten die Römer (und viele andere nach ihnen) ihre Frauen häufig »alte Schachteln« oder »Schnallen«, und Gladstone erfand für seine lästige, furchtbar anhängliche Gattin die Bezeichnung »Teegepäck«. Sagen wollte ich aber eigentlich nur, daß dank der Polyandrie die Alimentezahlungen nicht mehr auf den Schultern eines einzigen Mannes lasteten.

Für den Urmenschen war die Liebe alles andere als einfach. Aber auch heute kriegt man sie nicht nachgeschmissen. Das Dumme an der Liebe ist nämlich, daß viele Menschen sie mit Gastritis verwechseln. Und kaum klingen die Symptome wieder ab, stellen sie fest, daß sie mit einem Mädchen verheiratet sind, neben dem sie nicht mal begraben sein möchten.

Zu den ersten Begleiterscheinungen der Menschenliebe gehörten Schönheitssalons, doppeltkohlensaures Natron und Familien. Familien sind, wie Sie vermutlich wissen, soziale Einheiten, die ihr Entstehen dem angeborenen Herdentrieb aller Säugetiere verdanken – in diesem Fall vor allem einzelner Tiere wie Ihrer Schwiegermutter, Ihrer beider Schwägerinnen (die wahrscheinlich nie unter die Haube kommen werden) und Ihres nun schon seit acht Jahren arbeitslosen Schwagers.

Wie Sie bemerkt haben werden, besteht diese Gruppe lediglich aus Angehörigen Ihrer Frau. Aber so war das eben in der dunklen Vorzeit. Und so ist es heute noch.

Möchten Sie Ihrem Vater zehn Dollar schicken, müssen Sie das für sich behalten, weil andernfalls Ihre Frau sagen wird, Sie seien nicht mit Ihrem Vater verheiratet – was völliger Quatsch ist, weil Ihr Vater bereits verheiratet ist, und zwar glücklich, vorausgesetzt, Sie schicken ihm die zehn Dollar, was Sie wahrscheinlich doch lieber lassen, denn die Zeiten sind schwierig, und dieses Attribut könnte man wohl auch Ihrem Vater aufkleben, wollte man ihm schmeicheln. Länger sollten wir uns bei der Familie nicht aufhalten. Aber sagen Sie das mal Ihrer Frau.

Der sprachlose Höhlenmensch konnte sich lediglich mit Hilfe von Handbewegungen verständigen. Wollte er seiner Gefährtin mitteilen, er liebe sie, verpaßte er ihr einen Kinnhaken. Wollte er ihr mitteilen, er habe Hunger, verpaßte er ihr einen Kinnhaken. Manchmal verpaßte er ihr auch einfach so einen Kinnhaken, nur um ihr Stehvermögen zu testen, und all das verwirrte die stille kleine Frau gewaltig, denn sie wußte meist nicht, was sie erwidern sollte. Fiel ihr doch etwas ein, verpaßte der Mann ihr einen weiteren Kinnhaken. Solchen Gesprächen, die man allgemein als »Schlagabplausch« bezeichnete, verdanken wir die noch heute weit verbreitete Redewendung »Eine dicke Lippe riskieren«. Es stimmt zwar, daß die kleine Frau ein paar Dinge pantomimisch darstellen konnte, aber die waren damals wie heute eher nichtssagend.

So, wie die Dinge lagen, war schlagkräftig bewiesen, daß die Welt eine Sprache brauchte. Und die Geschichte lehrt uns, daß Not erfinderisch und der Letzte das Licht ausmacht. Und so kam es, daß schon kurze Zeit später (schlappe tausend Jahre, um genau zu sein, und das ist geschichtlich ein Katzensprung, wenn die Katze gesund ist) die ersten Worte einer neuen, noch sehr rohen Sprache zu hören waren. Es gab nur wenige Wörter, aber die Primitiven waren bescheiden und brauchten keine Schätze.

DAS URVOKABULAR

Unga Unga	Asch Asch.
Glugg Glugg	Schmeiß mal die Schwimmflügel rüber.
ÄÄMakka Pahsauff	Wenn du noch ein einziges Mal mit meiner Frau flirtest, reiß ich dir die Ohren ab.
Betragen	1
SUM Sam Saum	Man sieht deinen Unterrock, Schatz.
Umpf	Wie geht's Ihrer Frau?
Fumpf	Wüßte nicht, was Sie das angeht.
Mumpf	Man wird doch wohl noch mal höflich fragen dürfen.
Dumpf	Hau bloß ab!
Strumpf	Woolworth, Baumwolle, 6 Paar $ 2.95.

Bing	Crosby.
John Cromwell	Ein Freund der Familie, der gerade aus Indien zurückgekehrt ist.

Damit hatte der Ur-Rohling eine Sprache, und schon waren die langen Winterabende nicht mehr ganz so unerträglich wie zuvor. Bedenken Sie bitte, daß Herr und Frau Rohling sich nicht in Schale werfen und zusammen ins Theater oder in ein schickes Restaurant gehen konnten. Natürlich konnte Herr Rohling seine Frau in Bananenschalen werfen und ein bißchen Theater machen, aber daran hätte sie keine besondere Freude gehabt, also blieben die beiden zu Hause und schwatzten. Zum Beispiel erzählte der Mann seiner Frau, wie er einen Tiger mit bloßen Händen erschlagen und daß sein Boss gesagt hatte: »J. B., so gut hat seit Monaten niemand mehr einen Tiger mit bloßen Händen erschlagen«, worauf dann die kleine Frau erwiderte (zuweilen wünschte ihr Gatte, sie hätte nie sprechen gelernt): »Na, und wieso zahlt er dir dann nicht mehr? Joe Grant hat dieses Jahr noch überhaupt keinen Tiger erschlagen und kriegt trotzdem doppelt soviel wie du!«

»MMM-mmm-mmm«, schnurrte daraufhin der Mann und drückte ihr einen Kuß auf die Lippen. Vielleicht auch seine Faust. Jedenfalls verging der Winter wie im Flug und überließ dem Frühling das blühende Feld. Ach, wie schön war es doch, jung und quicklebendig zu sein! Liebende konnten endlich wieder im Freien spielen, und Spiele gab es zuhauf. Am liebsten jedoch spielten sie Häschen in der Grube – vorausgesetzt, sie fanden ein Häschen. Gruben gab es natürlich ohne Ende, denn überall wurden Steine für den Hausgebrauch ausgebuddelt. Besonders groß war die Nachfrage in Haushalten mit Kindern. Während Mami krächzte »Schlaf Kindchen, schlaf wie ein Stein«, genügte in der Regel ein von Papi gezielt geworfener Brocken, um das plärrende Gör in Nullkommanichts in Sandmännchens Arme zu befördern.

Damit endete die Jungsteinzeit, und eine neue Epoche brach an – eine wesentlich komplexere und weniger befriedigende Epoche. Im Gegensatz zum Steinzeitmann, dem während der langen Höhlennächte eine einzige Frau an seiner Seite genügt hatte, ließ sich der neue Mensch (Homo Fasel) von anderen Menschen regelrecht umzingeln und sein Leben (und seine Höhle) von Dutzenden Gästen durcheinanderbringen. Der gesellschaftliche Verkehr ersetzte den Sex, und »fröhliches Beisammensein« war plötzlich kein ausgelassenes Balgen zu zweit mehr, sondern anstrengendes Abendessen zu acht. So entstand das Zeitalter der Geselligkeit, und die wahre Liebe machte sich aus dem Staub.

Je weiter wir mit dieser Verwicklungsgeschichte der Liebe kommen, desto näher kommen wir der Gegenwart. Entgegen allen Erwartungen bedeutet das aber nicht, daß wir auch zur Sache kommen.

Denken Sie, Leser, bitte immer daran, daß sich die Geschichte wiederholt – da allerdings auch ich vorhabe, mich auf den kommenden Seiten zu wiederholen, kann die Geschichte jetzt erst mal in den Hintergrund treten und irgendein Mittel gegen allzu heftiges Aufstoßen einnehmen.

Wir kommen nun zum Mittelalter, und das überrascht mich genauso wie Sie. Fortschritte machte man in dieser Epoche nur sehr behutsam. Den Menschen war es schlicht und ergreifend egal, ob irgendwer irgendwas erfand oder nicht. Für die Liebe spielte das keine Rolle. Die war ja schon erfunden. Jedenfalls in den Grundzügen. Uneinigkeit herrschte nur noch in Detailfragen.

An manchem Abend versammelten sich Scharen von Minnesängern in prunkvollen Sälen um lodernde Julfeuer und mühten sich, einige dieser Fragen zu klären, waren aber vom heißen Feuer und vom heißen Grog im Nu so benebelt, daß sie sich an den Grund ihres Zusammentreffens nicht mehr erinnern konnten. Mangelnde Trinkfestigkeit war also die Ursache, daß das Mittelalter keinen Beitrag zur Verfeinerung der Liebe leistete.

Damit kommen wir zur Renaissance, und wie das kommt, weiß ich selbst nicht. Eigentlich wollte ich die nämlich schon in einem der vorangegangenen Absätze erwähnen, nur war ich mir bis gestern nicht über die richtige Schreibweise im klaren. Die Renaissance war keine politische oder religiöse Bewegung, sondern eine Weltanschauung. Vermutlich können Sie kaum glauben, daß ein so langes Wort nichts mit Liebe zu tun haben soll. Vielleicht sollten Sie in Zukunft erst denken und dann glauben. Auch Rheumatismus ist ein ziemlich langes Wort, hat aber ebensowenig mit Liebe zu tun wie Renaissance. Was wiederum nicht bedeuten soll, Rheumatiker hätten nichts mit Liebe zu tun. Viele sind durch letztere geworden, was sie heute sind. Das Dumme ist nur, daß sie nicht mehr wie junge Spunde herumhüpfen können und daß man als Verliebter oft weite Wege gehen muß. Ich selbst nenne glücklicherweise eine zweisitzige Vespa mein eigen.

Wo waren wir stehengeblieben? Ach ja. In der Renaissance wagten die Leute sich wieder darüber zu freuen, daß sie lebten. Sie dachten nicht allein an das sorgenfreie, selige Dasein, das sie im Himmel erwartete. Sie versuchten vielmehr, das Paradies auf Erden zu verwirklichen, und kamen diesem Ziel tatsächlich bemerkenswert nahe.

Die Liebe hatte Hochkonjunktur. Die Frauen erlangten ihre Freiheit zumindest teilweise zurück. Sie brauchten ihre Wodka-Martinis nicht mehr heimlich in finsteren Ekken zu schlürfen. Offen und ohne Scham schlüpften sie in ihre wahre Rolle als Gattin und Gefährtin des Mannes. Die Frauen kamen endlich zur Geltung. Und beinahe gleichzeitig kam irgend jemand auf die Idee, die Frauen ins gleiche Joch zu spannen wie die Ochsen. Über die Auswirkungen dieser Maßnahme auf die Entwicklung der Zivilisation sind die Historiker bis heute geteilter Meinung. Einige meinen, es habe sich um einen Rückschritt gehandelt, aber die meisten sind wie ich fest davon überzeugt, daß es ein Schritt in die richtige Richtung war. Aber egal wie man das ganze betrachtet: Für die Ochsen war es in jedem Fall eine Riesenerleichterung. Die tumben Viecher (die Ochsen) sind bis heute dankbar für diese Entwicklung. So dankbar, daß sie vor jeder Frau den Hut ziehen und gar nicht merken, daß sie allesamt gehörnt* sind.

Vielleicht verdeutlicht folgender kurze Abriß des Ablaufs eines typischen Renaissance-Familienabends am besten, wie es in jener Epoche um Liebe und Sex bestellt war:

PERSONEN:	Mr. Dinglefingle und Mrs. Dinglefingle.
SCHAUPLATZ:	Das Wohnzimmer ihrer Halbgeschoßbruchbude.
ZEIT:	Zweiundzwanzig Uhr.
ABEND:	Heiliger.

* Davon läßt sich natürlich kein Ochse ins Bockshorn jagen.

MR. DINGLEFINGLE SPRICHT.

MR. DINGLEFINGLE: Ach, Schatz, es gibt nichts Schöneres auf der Welt, als jemanden zu lieben …

MRS. DINGLEFINGLE: Das kannst du aber laut sagen!

Finis

Das ist natürlich nicht das Ende, Leute, aber mehr können wir nicht drucken. Eigentlich ist das erst der Anfang. Henry Miller, übernehmen Sie!

Es waren wahrhaftig glorreiche Zeiten. Die Liebe entwikkelte sich mit rasender Geschwindigkeit und löste im Nu die Landwirtschaft als führenden Industriezweig der Epoche ab. Das wird niemanden überraschen, der beides aus eigener Erfahrung kennt, also überraschte es weder Bauern noch Adlige. Tatsächlich waren sowohl diese als auch jene sofort mit Feuereifer bei der Sache. Sie wußten genau, daß Landwirtschaft eine wetterabhängige Beschäftigung war und nur im Frühling und Sommer sinnvoll betrieben werden konnte. Die Liebe hingegen kannte keine jahreszeitlichen Beschränkungen. Die Liebe ließ sich nicht nur während der lauen und heißen Monate betreiben, sondern – sogar mit mehr Erfolg – während der langen frostigen Wintertage (und -nächte). Außerdem war sie nicht so anstrengend für den Rücken*. Auf jeden Fall machte es mehr Spaß, auf einen Sprung bei der Herzdame vorbeizuschauen, als Springbohnen vom Acker zu pflükken, selbst wenn die Herzdame im Gegensatz zum Ackerboden nicht ständig bereitlag.

* Ach ja?

Fast alle Mittelalterexperten stimmen heute in der Auffassung überein, daß der plötzliche enorme Bevölkerungszuwachs jener Epoche dem Wiederaufleben der Liebe zuzuschreiben war. Ich möchte den Frauen der Renaissance hier und jetzt, wenn auch vielleicht ein bißchen verspätet, für die Inbrunst danken, mit der sie diese Bewegung unterstützten. Frauen von diesem Kaliber trifft man heute nicht mehr.

Nun war der Bevölkerungszuwachs zwar eindeutig auf die Liebe zurückzuführen, aber sogar die Liebe (mag sie auch Berge versetzen) kommt ohne Unterstützung des stärkeren Geschlechts nicht weit, und dieses stärkere Geschlecht hatte zu jener Zeit gerade alle Hände voll zu tun, neue Handelswege zu erschließen. Wie also konnte es dazu kommen? Wo lag die Antwort auf diese knifflige Frage? Gab es überhaupt eine? Jahrzehntelang wurde darüber verbissen spekuliert und gerätselt. Erst letzten Freitag vor einem Jahr legte Dr. Max Krum, Autor von *Liebes- und Handelsbeziehungen,* eine Theorie vor, die im selben Atemzug verspottet und akzeptiert wurde. Krum zufolge waren unmittelbar nach dem Aufbruch der Ehemänner in Richtung Handelsweg umtriebige Keltenstämme in die Städte einmarschiert. Die Kelten zogen ihre langen, unförmigen Gitarren heraus, schlenderten die Hauptstraße entlang und johlten: »Seht her, ihr Mädels, wir ham die Taschen voll Kelt.« Und bald konnten die Mädels gut mit den Kelten und die Kelten gut mit den Mädels.

Den Anstandsdamen war allerdings sofort klar, daß diese Form des Geldverkehrs dem Ruf der Stadt alles andere als förderlich war, also verboten sie allen jungen Naiven der Stadt per Dekret, auf die Straße zu gehen.

Anschließend ging es in der Stadt nicht nur ausgesprochen lauter zu, sondern auch wesentlich leiser.

Die zunehmende Bevölkerungsdichte in den Städten und der daraus resultierende Machtverlust der Lehnsherren machten ein neues Regierungssystem erforderlich. Die Kaufleute schlossen sich zusammen und verabschiedeten eine Charta, mit der sie den Anforderungen der selbstverwalteten Städte zu genügen hofften. Sie wählten einen Senat und einen Herzog oder Dogen. Wurde ein sehr kleiner Mann zum Dogen gewählt, bezeichnete man ihn als Daggeln. Das ging allerdings nicht lange gut, denn der Tierschutzverband kam dahinter, witterte Diskriminierung von kleinen Tieren durch hohe Tiere und klagte vor dem Hundesgerichtshof auf 300 000 Florin Schadenersatz. Man weiß nicht genau, was ein Florin heute bei uns wert wäre (weiß vielleicht jemand, was der Dollar heute noch wert ist?), aber da manches Mädchen nach der eiligen Abreise seines keltischen Liebhabers mit 100 000 Florin unter dem Kopfkissen aufwachte, dürfte sich der Streitwert auf umgerechnet rund sechs Dollar belaufen haben.

In der Renaissance wurde reichlich Fisch verzehrt*. Daraus können Sie vermutlich schließen, wie die Menschen damals aussahen und dachten. Ist dies der Fall, schicken Sie Ihre Schlußfolgerung bitte an den Verleger dieses Buches, der sie dann umgehend an Ihren für jeden Hinweis dankbaren Berichterstatter weiterleiten wird. Aber zurück zur Fischerei: Auch die wurde nur erfunden, um die Männer loszuwerden. Wie so vieles in der Geschichte. Im zwölften Jahrhundert waren es Kreuzzüge. Im

* v. Ch. (vor Cholesterin)

dreizehnten Jahrhundert war es der Ruf der See und im vierzehnten war es die Fischerei. Die Ehemänner fischten sieben Monate im Jahr und suchten weitere sieben Monate nach Würmern. Jetzt behaupten Sie wahrscheinlich, das seien insgesamt vierzehn Monate. Ich habe nichts anderes von Ihnen erwartet. Also, nur zu Ihrer Information: Damals hatte das Jahr noch vierzehn Monate. Das wird Sie lehren, Ihre Nase in Dinge zu stecken, von denen Sie nichts verstehen. Den Hausfrauen jedenfalls standen wieder einmal harte Zeiten ins Heim.

Die Geschichten, die Marco Polo (der sowohl den Nord- als auch den Südpolo entdeckte) über seine Reisen erzählte, machten neugierig auf die fremden Länder jenseits der engen europäischen Grenzen. Aller Neugierde zum Trotz kam die Erschließung dieser Gebiete jedoch nur sehr langsam voran, denn das Meer war noch immer unbeliebt. Dafür gab es etliche gute Gründe. Die Schiffe waren kaum so groß wie unsere heutigen Fähren und eigneten sich nicht für weite Seereisen. In einer Hinsicht waren sie unseren Fähren allerdings überlegen. Auf ihnen gab es keine Stehgeiger, die einhändig »The Rosary« fiedelten und mit der anderen Hand um Kleingeld bettelten.

Der Kompaß war erst vor kurzem erfunden worden und litt noch an gewissen Kinderkrankheiten. Wollte man damals nach Nord-Nordost fahren, mußte man auf Kurs Süd-Südwest gehen. Sie können sich bestimmt vorstellen, wie anstrengend das für die Köpfe der Renaissance war. Die Kompaßtücken führten zu allgemeiner Orientierungslosigkeit, und bald war es den Leuten ziemlich egal, wo sie landeten, solange sie wenigstens an Land landeten und nicht bei den Fischen. Kühne Männer segelten los, um Indien oder Arabien zu entdecken, und strandeten schwer erkältet vier Meilen nördlich von Sandy Hook. Damit begann die Geschichte der Lungenentzündungen und Senfpflaster. Und jeder Seemann, der keine üble Krankheit mit nach Hause bringen wollte, trug von diesem Tage an Überzieher aus Gummi.

Vasco da Gama, zu Lebzeiten als hervorragender Entdecker gerühmt, während er heute wohl bestenfalls als Landstreicher durchginge, verfluchte die Erfindung des Kompasses noch auf dem Sterbebett. Offenbar hatte er eine Reise nach den Tropen unternehmen wollen und seine Besatzung entsprechend ausstaffiert. Nach drei Tagen verließen Kapitän und Mannschaft das Kaufhaus Abercrombie & Fitch in weißen Flanellanzügen, Strohhüten und Freizeitschuhen, mit einem Koffer Bacardi, einem kleinen roten Buch voller Telefonnummern und einer Rechnung über 609 Dollar. Während der folgenden Reise hielt da Gama ständig ein Auge auf den Kompaß gerichtet und das andere auf eine zufällig vorbeigehende Revuetänzerin, um schließlich mit gehörigem Verdruß direkt vor sich die eisige Küste von Labrador zu sichten. Wie man sich wohl vorstellen kann, war da Gama ob der Landung seiner sommerlich gekleideten Mannschaft peinlichst berührt. Oben in Labrador lacht man noch heute über die Geschichte. Ich persönlich finde sie auch ganz lustig, aber nicht lustig genug zum Lachen.

Über die Form der Erde wurde seinerzeit allerorten heftig spekuliert. Obwohl dies, geschätzter Leser, sicherlich nicht der richtige Rahmen ist, meine eigenen Theorien darzulegen, und alles, was ich hier preisgebe, unter uns bleiben sollte, möchte ich doch meiner felsenfesten Überzeugung Ausdruck verleihen, daß die Erde ein gleichschenkliges Dreieck ist. Beweise wollen Sie sehen? Aber gern: Weshalb schwimmen alle Fische unter Wasser? Weshalb verbringen etliche Menschen den Winter in Florida und den Sommer in Quebec – oder andersrum? Weshalb riskiert niemand einen Grand, wenn er keine Bauern und keine Asse hat? Konfrontieren Sie doch gelegentlich jemanden, der die Welt für rund hält, mit diesen Fragen, und hören Sie sich seine Antworten an.

Ich erwarte nicht, daß Sie das eben Gelesene begreifen, ehe Sie den Absatz nicht mehrere Male gelesen haben. In meinen Augen wären Sie allerdings bescheuert, wenn Sie das täten. Ich selbst habe ihn gerade zum sechsten Mal gelesen und verstehe noch immer kein Wort.

Bei all dem Gerede über das fünfzehnte Jahrhundert sollten wir nicht den absurden Fehler begehen, an einer der größten Entdeckungen aller Zeiten vorbeizusegeln – der Entdeckung des schönen Amerika. Das Verdienst dieser Entdeckung gebührt einem gewissen Genueser Seefahrer namens Christoph Columbus, der felsenfest glaubte, die Erde sei eine Kugel, und seine Lebensaufgabe darin sah, sich selbst und die ganze Welt hiervon zu überzeugen. In seiner Verzweiflung wandte er sich hilfesuchend an Spanier und Portugiesen. Von den Portugiesen bekam er nichts, nicht mal eine Antwort auf seinen Brief. Wie sich später herausstellte, hatte Columbus beim Verfassen reichlich Salpeter intus gehabt, vor lauter Benommenheit vergessen, den Brief einzustecken, und bloß den Umschlag abgeschickt.

Königin Isabella von Spanien hingegen, die völlig verrückt war nach bärtigen Matrosen, willigte ein, Columbus mit drei Schiffen und achtundachtzig Mann Besatzung auszustatten. Mit anderen Worten, zweiundzwanzig Quartetten, sofern alle singen konnten, andernfalls neunundzwanzig Trios.

Nach einem letzten kalten Abendmahl aus Dickmilch und Betelnüssen setzte er im Jahre 1497 die Segel. Na schön, sagen wir 1492. Aber kein Jahr früher!

Kaum war Columbus von Spanien aus in See gestochen, hörte Königin Isabella einige häßliche Gerüchte über ihn und stellte sich die bange Frage, welche Absichten der Entdecker tatsächlich verfolgen mochte. Der wahre Grund für Columbus' Reise wurde erst viel später bekannt: Er wollte gar nicht beweisen, daß die Erde rund war (das war ein kleiner Scherz auf Kosten des Königshauses; Columbus wußte, daß sie flach war), sondern sich in Amerika mit einer Dame treffen, die er hinter Isabellas Rücken in der Rubrik »Einsame Herzen« kennengelernt hatte. Die Brieffreundschaft der beiden bestand schon seit Jahren. Sie hatten sogar Fotos ausgetauscht. Er hatte ihr eins von Valentino geschickt und sie ihm eins von Tuesday Weld (doof waren sie also beide nicht). Jetzt werden Sie mir wahrscheinlich weismachen wollen, damals habe es noch keinen transatlantischen Briefverkehr gegeben. Das trifft mit Sicherheit zu, aber ebenso sicher ist, daß die Liebe immer einen Weg findet. Denken Sie zum Beispiel an Adam und Eva. Oder an Frankie und Johnny.

Als dieser Skandal bekannt wurde, war Columbus glücklicherweise schon weit, weit draußen auf hoher See. Zuerst lief er die Kanarischen Inseln an, verweilte dort jedoch nur kurz, weil die Bewohner der Insel allesamt Kanarienvögel waren und ihm dauernd in den Bart flatterten. Columbus erfand kurzerhand den Vogelfluch, und bald darauf ging es weiter gen Westen.

Sie segelten zweiundsechzig Tage und sechzig Nächte (zwei Nächte verlor Columbus auf den Azoren beim Pokern), bis eines strahlenden Morgens ein Beerenstrauch am Schiff vorbeitrieb. Das bedeutete, daß Land in der Nähe sein mußte (oder ein schwimmender Obst- und Gemüseladen). Als man Columbus davon berichtete, kroch er aus dem Kohlenkasten, in dem er sich vor der Mannschaft versteckt hatte, deutete auf die Früchte und sagte: »Meine Herren, ich glaube, wir kommen der Sache langsam näher.«

Als die Matrosen in San Salvador von Bord gingen, gierten sie sowohl nach Früchten als auch nach Frauen. Immerhin hatten sie eine lange Reise hinter sich. Es stimmt zwar, daß ihnen seit dreißig Tagen nichts zu essen untergekommen war, aber Frauen waren ihnen schon seit sechzig Tagen nicht mehr untergekommen, also können Sie sich wohl denken, wonach sie zuerst suchten. Sie wissen bestimmt, wie man sich nach einer fünftägigen Schiffsreise über den Atlantik fühlt, auf der man außer drei maulfaulen Einkäufern und vier seekranken Lehrerinnen niemanden kennengelernt hat, also werden Sie nachvollziehen können, wie sich die Matrosen fühlten, als sie von ihrer schmuddligen Schute strömten. Historischen Aufzeichnungen zufolge waren nicht mal die Meerjungfrauen vor ihnen sicher. Und es bedarf wohl kaum der Erwähung, daß die Indianermädchen ... gut, dann erwähne ich es eben nicht. Vielleicht erzähle ich's Ihnen bei passender Gelegenheit an anderem Ort. Wie wär's nächsten Donnerstagnachmittag bei Ihnen?

Und damit wollen wir Columbus und seine liebestolle Besatzung verlassen und einen kurzen Abstecher nach Europa machen. Wenn Sie mitwollen, müssen Sie ihr Tikket selber lösen.

Obwohl Europas fast ungeteilte Aufmerksamkeit dem neuen gelobten Land jenseits des unendlichen Meeres galt, darf man nicht außer acht lassen, daß sich auch in der Heimat Großes tat.

Die italienischen Städte wurden allmählich immer bedeutender. Dafür gab es zwingende geschichtliche Gründe, aber ein kurzer Abriß über die Liebe ist nicht der rechte Ort, um geschichtliche Gründe auszuführen, ob sie nun zwingend sind oder nicht. (Im übrigen werde ich hoffentlich nie so tief sinken, daß ich nichts Besseres zum Ausführen finde als geschichtliche Gründe.)

Venedig war die mit Abstand bedeutendste dieser italienischen Städte. Diejenigen von Ihnen, die Gibbons *Verfall und Untergang des römischen Reiches* gelesen haben, werden jetzt vermutlich behaupten, *Rom* sei die bedeutendste gewesen. Mal angenommen, Sie hätten recht: Weshalb sind dann heute sowohl Gibbon als auch Rom tot und begraben? Wie Sie bemerkt haben dürften, hat man Venedig *nicht* begraben. Außerdem sollten Sie nicht dauernd alles in Frage stellen. Wenn Sie Ihrem Autor nicht vertrauen, können Sie sich von mir aus gleich jetzt verabschieden. Glauben Sie bloß nicht, ich hätte nichts Besseres zu tun als das hier. Ich könnte auf dem Tennisplatz stehen und an meiner Rückhand arbeiten, wenn Hans, der längere meiner beiden Dackel, heute morgen nicht ein Loch in meinen Schläger genagt hätte. Mit Sicherheit wären Spengler, Van Loon oder Alcott* heute nicht das, was sie sind, hätten sie sich mit dummen Fragen oder Dak-

* Spengler – Der Untergang des Abendlandes
Van Loon – Die Geschichte der Menschheit
Alcott – Kleine Frauen (RKO)

keln herumschlagen müssen, die ihre Tennisschläger auffressen.

Der Leser von eben, der vorschnell herausposaunte, Rom sei bedeutender gewesen als Venedig, ist genauso gestrickt wie die Flachköpfe, die sicher waren, der Dow-Jones-Index werde auf tausend Punkte klettern. Wie steht der Kerl jetzt da? Und, wo wir schon mal dabei sind, wie steht der Index?

Aber kommen wir zurück nach Venedig. Ihnen dürfte bekannt sein, daß Venedig auf einer Schlammbank errichtet wurde. Fragen Sie nicht, wie. So ist es eben, und damit basta. Ich verstehe nichts vom Schlammbankwesen und genausowenig vom übrigen Bankwesen, wie ich 1929 auf unsanfte Art erfahren durfte, als sämtliche Banken zusammenbrachen und mein gesamtes Geld unter sich begruben. Ich weiß nur, daß die Schlammbank von Venedig Schlammbank heißt, weil man seinerzeit Schlamm als Zahlungsmittel benutzte. Eigenartigerweise stolpert man man auch heute noch hier und dort über eine Schlammbank. Zu Zeiten der Goldgräber bezeichnete man das aus den Flüssen gewaschene Metall als »Zahldreck«. Sie alle werden diese berühmten, mit allen Brackwassern gewaschenen Dreckschleudern* von Fotos her kennen.

Ich weiß, daß dieses knickrige Gerede über Geld nicht viel mit Sex zu tun hat, aber versuchen Sie mal ein Mädchen auszuführen, wenn Sie pleite sind ... Ich habe das irgendwann gemacht und war um acht im Bett – allein ... das heißt, nicht ganz allein. Ich durfte mich mit meiner kalten Wärmflasche amüsieren.

* Louella Parsons und Hedda Hopper

III. Teil
Randnotizen eines Außenseiters

1.
Geben Sie den Gast auf

Da sitzt er nun am steinernen Tisch in seiner Höhle und kaut an einem Knochen, unser Held – ja, ich bin's, Groucho Marx, der Eremit von Hollywood.

So lebt denn wohl, ihr Meißner Teller, Amontillado-Sherrys und Fingerschälchen; lebt wohl, ihr Abendessen um acht, Abendessen um sieben, ach, lebt gleich alle wohl – ich bin die längste Zeit Gastgeber gewesen! Sobald meine Wunden verheilt sind, krabble ich wieder aus meiner Höhle und setze meine gesellschaftliche Laufbahn fort, aber nicht als Gastgeber – oh, nein, nicht auf die schwerste Art! Soll jene Restaurantkette sich rühmen, Gastgeber der Nation zu sein; ich bin von heute an Gast der Nation.

Der Gast ist immer König, der Gastgeber hingegen immer der Dumme. Mir ist das Feiern endgültig vergangen, aber bevor ich nun meine Klappe und Winterschlaf halte, möchte ich jener Gäste freundlich gedenken, die ich an meiner unter Speisen ächzenden Tafel genährt habe.

Für alle Leser, die noch nie einen Gast gesehen haben, hier nun eine kurze Beschreibung: Gäste sind entweder groß oder klein, bewegen sich auf leicht abgelaufenen Absätzen und sind in allen gängigen Farben erhältlich. Ein weiteres Merkmal von Gästen ist, daß man sie zu sich nach Hause bittet. Ungebeten tauchen nur Schwarze Witwen und Verwandte auf.

Es gibt alle möglichen Arten von Gästen. Den Abendessengast, den Wochenendbesucher, den monatlichen Gast und, wenn man nicht aufpaßt, den Dauergast. Der unschuldigste, freundlichste und vergleichsweise harmloseste dieser Gäste ist indes der Erstgenannte.

Zu einem Abendessen lädt man in der Regel sechs, acht oder zehn Personen ein. Die Zahl der Gäste hängt natürlich auch von den räumlichen Gegebenheiten ab und in vielen Fällen von den Gegebenheiten der Köchin.

Eine Bemerkung zu Köchinnen: Die meisten heiraten entweder gerade oder lassen sich scheiden, und dies sollten Sie bei der Planung Ihrer Feier im Hinterkopf behalten. Eine balzende Köchin wird Ihnen in den allermeisten Fällen ein schmackhafteres Mahl auftischen als eine, deren Beziehung zum augenblicklichen Nutznießer ihrer Pfründe gerade im Abkühlen begriffen ist.

Besteht die Gesellschaft aus sechs oder mehr Personen, kann man getrost davon ausgehen, daß wenigstens vier dieser Leute zum einen Sie und zum anderen das Essen nicht mögen werden. Sobald die Suppenteller geleert sind, stellt man als Gastgeber erste Anzeichen von Unmut fest. Durch stetiges, leises Trommeln mit Messern und Gabeln auf der Tischplatte gibt man Ihnen per Morsealphabet zu verstehen, daß Ihre Köchin besoffen sein muß. Im Verlauf der Mahlzeit wird dieses Trommeln lauter, bis sämtliche Gäste unmittelbar nach dem Dessert aufbrechen und Ihnen – noch immer durch die Blume – zu verstehen geben, sie hätten besser zu Hause bleiben und den Napf des Hundes leerfuttern sollen.

Nun ist es natürlich das gute Recht eines jeden Gastes, das Essen nicht zu mögen. Hin und wieder mag auch ich nicht, was bei anderen Leuten aufgetischt wird, stopfe mich dann jedoch schweigend mit Brot voll und hoffe, daß es zum Nachtisch keinen Brotpudding gibt. Eine der Kostverächterinnen, die bei mir zu Gast war, schmiß in einem (wie sie glaubte) unbeobachteten Augenblick absichtlich ein Lammkotelett auf meinen neuen weißen Vorleger. Ich raste sofort hin, bürstete das kleine Kotelett ab und gab es der Dame mit einer tiefen Verbeugung und einem leisen Fluch zurück. Sie bedankte sich, wartete einige Minuten ab und schmiß das Kotelett dann erneut auf den Vorleger. Dieser Vorleger (ein noch immer erstaunlich lebendig wirkender Eisbär) ähnelte allmählich einem von Sonny Listons Gegnern unmittelbar vor dem Gnadenstoß. Ich reichte der Werferin ein weiteres Kotelett, legte jedoch vorher den Bären zusammen und verstaute ihn im Schrank.

Zuweilen hat man Gäste, die aus gesundheitlichen Gründen auf gewisse Speisen verzichten müssen. Ich selbst durfte vor einiger Zeit einen bulligen Herrn bewirten, der mit der heiseren Stimme eines Auktionators aus Atlantic City stolz und sabbernd verkündete, er sei völlig übersäuert und dürfe nichts Rotes essen. An diesem Abend gab es Roastbeef, Rotkohl, Rote Beete und zum Nachtisch Wassermelone. Da saß er nun, der saure Gast, und sah mit grimmiger Miene zu, wie die glücklichen Gesunden um ihn herum sich die Bäuche mit rotem Fleisch und Säure vollschlugen. Zur Untermalung seines finsteren Blickes trug er eine detaillierte Beschreibung seiner Blutdruck- und Cholesterinwerte vor und erklärte ungefragt, weshalb er zweimal täglich seinen Hausarzt aufsuchen mußte. Als die Wassermelone anrollte, wurde er glücklicherweise ohnmächtig. Anscheinend litt er neben all den anderen Gebrechen auch noch an Kurzsichtigkeit und irrglaubte angesichts der Melone, das Roastbeef sei zurückgekehrt.

Und dann gibt es die Pärchen, die nie allein kommen. Sie schmuggeln immer einen zusätzlichen Gast ein, und zwar meist sehr geschickt. Am Tag des gemeinsamen Abendessens – sechs Personen sind geladen – klingelt etwa eine Stunde vor Beginn der Fütterungszeit das Telefon, und es kommt zu folgendem Gespräch:

»Ja, hier ist Jane. Tut mir schrecklich leid, aber wir können heute abend nicht kommen. Wir haben Besuch – einen alten Schulfreund meines Mannes. Jack hat ihn seit fünfzehn Jahren nicht gesehen, und wir können ihn nicht einfach allein bei uns zu Hause sitzen lassen.« (Den wahren Grund verrät man Ihnen natürlich nicht: Die fünfzehnjährige Tochter der beiden gleicht Brigitte Bardot wie ein Ei dem anderen, und so, wie sich das Mädel in letzter Zeit aufführt, wollten die Eltern kein Risiko eingehen.)

Als Gastgeber sitzen Sie jedenfalls in der Falle, sagen: »Na, dann bringt ihn doch mit«, und hoffen insgeheim, daß er auf dem Weg unter einen Bus gerät. »Für einen mehr ist doch immer Platz.«

Das trifft zwar aufs Yankee-Stadion zu, aber garantiert nicht auf ein durchschnittliches Eßzimmer. Dennoch quetschen Sie einen weiteren Stuhl hinein, räumen Ihr gutes sechsteiliges Service weg und decken den Tisch mit einem bunten Geschirrarrangement, das Sie sich im Laufe der Jahre aus den nobelsten Hotels des Landes zusammengeklaut haben.

Mit einem echten Knalleffekt beginnt der Abend, wenn Sie einen dieser Fieslinge eingeladen haben, die grundsätzlich eine Stunde vor allen anderen Gästen erscheinen. Sagt man »Essen um acht«, kommt der Kerl garantiert um sieben. Sagt man »neun«, ist er um acht da. Niemand weiß, wie er ins Haus kommt – er muß entweder gelernter Einbrecher oder geborener Kobold sein; niemand hört ihn hereinkommen, keine Tür wird zugeschlagen, keine Klingel ertönt.

Nehmen wir mal an, wir wollten um sieben essen. Um sechs gehen Sie nach unten, unrasiert, ungebadet und lediglich mit einem Paar Tennisschuhe Ihrer Frau bekleidet. Das Licht ist gedämpft – da Sie sich im Haus auskennen, brauchen Sie kaum Licht, und die Stromrechnung ist ohnehin zu hoch. Sie fegen die Asche aus dem Kamin und sind gerade im Begriff, die Whiskeyflasche zu ungleichen Teilen mit Wasser aufzufüllen, da dringt eine gespenstische Stimme aus dem Halbdunkel.

Im ersten Augenblick wollen Sie nach oben rennen und Ihren Revolver holen, dann jedoch fällt Ihnen ein, daß Sie mit dem Revolver nicht viel ausrichten können, da Sie die Patronen versteckt haben, damit ihre Kinder sich nicht gegenseitig über den Haufen schießen. Sterben, denken Sie sich, muß sowieso jeder, also warum nicht beim Verteidigen seines trauten Heims, und schnappen sich den Feuerhaken – schade nur, daß das ganze Zimmer bei jedem Ihrer Herzschläge wackelt, Schlägen, die auch der Eindringling mit ziemlicher Sicherheit hören wird.

»Hab ich dich erschreckt?« schreit er. »Ich bin's, Swanson. Ich hab heute früh Feierabend gemacht und wollte nicht erst nach Hause fahren, also hab ich Martha angerufen und ihr gesagt, daß wir uns hier treffen. Warum hast du eigentlich Wasser in den Whiskey gegossen? Ist das was Neues?«

»Jetzt hör aber auf! Sehe ich vielleicht aus wie diese Typen, die ihren Whiskey mit Wasser strecken? Ich bitte dich! Ich wollte nur die Flasche ausspülen, bevor ich sie meinem Spirituosenhändler zum Auffüllen schicke.«

Da man Sie auf frischer Tat ertappt hat, müssen Sie nun wohl oder übel die edle Import-Abfüllung herausrücken, die Sie sich eigentlich für die goldene Hochzeit aufheben wollten.

»Wenn du mich jetzt bitte entschuldigen würdest – ich muß mal eben rauf und mich anziehen.«

»Da komme ich gleich mit«, sagt Swanson. »Ich muß mich auch ein bißchen frischmachen. Im Büro war's heute ziemlich schweißtreibend, und ich hab's bisher nicht geschafft, mir die Hände zu waschen.« Wäre er zum vereinbarten Zeitpunkt erschienen, hätte er Zeit genug für ein Vollbad mit anschließender Massage gehabt.

»Gut«, sagen Sie, »aber dann bitte hier unten, in der Gästetoilette. Du bleibst hier, ich gehe rauf.«

Falls es Ihnen nämlich gelingt, den Burschen im Erdgeschoß festzuhalten, kommen Sie unter Umständen doch noch zu dem halbstündigen Nickerchen, von dem Sie während des gesamten Nachmittags geträumt haben. Sie machen auf dem Absatz kehrt und rasen die Treppe hinauf, nur hat der lästige Dämon leider eine lange Ahnenreihe extrem fixer Dämonen und erreicht den oberen Treppenabsatz lange vor Ihnen. (Immerhin war er früher Kapitän der Sprintergruppe des Zuchthauses Leavenworth.)

»Komm, wir machen uns zusammen fertig«, sagt er, »dann können wir vor dem Essen noch ein bißchen plaudern.«

Sie verwerfen den kurzzeitig gehegten Gedanken, ihn in die Wanne zu locken und seinen Kopf längere Zeit unter

Wasser zu drücken, weil Sie keine ungerade Anzahl von Gästen am Tisch haben möchten. Anschließend verabschieden Sie sich auch gleich noch vom Gedanken an Ihr Nickerchen, und die lange Liste von Dumpfschädeln, die Ihnen in Zukunft hoffentlich erspart bleiben, wird wieder um einen Namen länger.

Und dann gibt es noch das Pärchen, das grundsätzlich um Mitternacht geht, aber leider nur bis zur Haustür. Die beiden aus dem Haus zu schaffen ist praktisch unmöglich – man fühlt sich an ein Footballteam erinnert, das drei Yard vor der Endzone steht und vergeblich gegen die Verteidigung anrennt. Kurz vor zwölf sieht der Mann auf die Uhr und ruft entgeistert: »Was?! Schon zwölf! Dann mal los, Mädchen. Ich muß morgen ganz früh raus.«

Sie eilen zur Garderobe und helfen den Gästen in die Mäntel und auf die Sprünge. Das haben Sie sich gedacht! Schwer und stumm hängt die Haustür im Rahmen und wartet nur darauf, unter ausgelassenem Gelächter und freundlichen Verabschiedungen geöffnet und wieder geschlossen zu werden. Da kann sie allerdings lange warten, denn die beiden Gestalten sind Schwellenschwafler. Im Eß- oder Wohnzimmer sind sie eher langweilige Zeitgenossen, aber jetzt, wo ihre Zeit gekommen ist, gehen sie nicht weg, sondern laufen förmlich aus.

Die Frau hat einen neuen Schönheitssalon aufgetan und muß nun in den schillerndsten Einzelheiten schildern, wie dort die Dauerwellen gelegt werden – die Methode ist *total* revolutionär, *unheimlich* vielversprechend und natürlich *wahnsinnig* verlockend für Frauen mit glatten Haaren. Ein etwa zehnminütiger Monolog reicht aus, um das zu beschreiben. Aber jetzt! Das ist Ihre Chance! Sie schleichen sich unauffällig zur Haustür und reißen sie auf.

»Na dann, gute Nacht. Sehen wir uns denn bald mal wieder?«

Seien Sie nicht albern – Sie sehen einander in genau diesem Augenblick, und der wird noch mindestens eine Stunde dauern. Die beiden haben noch nicht einmal mit den Vorbereitungen zum Beginn des Aufbruchs begonnen. Der werte Gatte drückt die Tür sanft wieder zu und sagt: »Sagt mal, haben wir euch eigentlich von unserer Angeltour erzählt? Den See haben wir kürzlich entdeckt. Wird nur von Indianern abgefischt, und ihr wißt ja, wie selten Indianer angeln!«

Sie erwidern: »Stimmt. Eigentlich merkwürdig, nicht? Aber vielleicht haben Indianer nicht so gern nasse Gören.«

Die Bemerkung ist absolut sinnfrei, lenkt die beiden aber immerhin soweit ab, daß Sie unbemerkt die Haustür mit dem Fuß öffnen können. Inzwischen haben die zwei ihre Mäntel angezogen und sind behaglich eingekuschelt wie Läuse im Pelz. Ja, Mr. und Mrs. Izaak Walton scheinen in der frischen Nachtluft regelrecht aufzublühen. Mrs. Walton erzählt Ihnen jetzt von einem neuen Lachssalatrezept, über das sie beim Ausnehmen des Roßhaarsofas auf dem Dachboden gestolpert ist. Das dauert eine Viertelstunde. Der einladend erleuchtete Flur wimmelt inzwischen von den unterschiedlichsten Wanzen, Käfern und nachtaktiven Insekten. Gegen zwei Uhr morgens geht den Waltons allmählich der Vortragsstoff aus, und nach einigen abschließenden Verabschiedungsrunden schaffen Sie es endlich, die beiden nach draußen abzuschieben.

Und nun folgt die eigentliche Arbeit. Sie brauchen eine gute Stunde – und die Unterstützung sämtlicher anderen Gäste –, um all die flatternden und krabbelnden Nachtlebewesen zu stellen, die durch Ihren Flur geistern. Viel später, in stockfinsterer, normalerweise stiller Nacht, hören Sie dann nur noch das gemütliche Flügelschlagen der um Ihr Bett versammelten Fledermäuse.

Ein Artgenosse der widerspenstigen Schwellenschwafler ist der Mann, der alle zwanzig Minuten aufsteht, als wolle er sich verabschieden. Als guter Gastgeber stehen Sie jedesmal mit ihm auf und hechten wie ein Setter auf den Schrank mit den Mänteln zu. Aber Sie springen ins Leere! Dieser Kastenteufel bleibt nämlich stun-den-lang! Er leidet an sogenannter Hosophobie, einer Krankheit, die Schneidern wie Psychologen jahrzehntelang Rätsel aufgab und die lediglich im Frühstadium (in Fachkreisen als Bermuda-Phase bekannt) erfolgreich behandelt werden kann. Die Krankheit manifestiert sich als vollständige Unfähigkeit, das Hinaufrutschen der Hosenbeine Richtung Leistengegend zu kontrollieren. Was der Gastgeber für ein deutliches Aufbruchsignal des Gastes hält, ist also lediglich dessen verzweifelter Versuch, die Hosenbeine zurück auf die Schuhe zu schütteln.

Und dann gibt es noch die Vettel in den besten Jahren (die Frau des Eindringlings, der immer zu früh kommt), die grundsätzlich erst hereinplatzt, wenn das Essen gerade serviert werden soll, kurz mit ihrem inzwischen halb besoffenen Mann streitet und dann, wenn sämtliche hungrigen Gäste in Richtung Eßzimmer lostrotten, »Augenblick mal, Jungs« sagt. (Sie nennt alle »Jungs«, ganz egal, ob die »Jungs« Jungs oder Mädels sind, was mich persönlich allerdings nie gewundert hat, da sie sich meiner Ansicht nach auch über ihr eigenes Geschlecht nicht ganz im klaren ist.) »Augenblick mal, Jungs«, blökt sie, »kriege ich nichts zu trinken?«

»Scotch oder Bourbon?« fragen Sie höflich.

Sie zieht einen Flunsch und sagt schmollend: »Du weißt doch, daß ich keinen Whiskey trinke. Aber du könntest mir vielleicht einen doppelten Haubitzenflip fertigmachen.«

Fertigmachen würden Sie schon gern jemanden, und zwar am liebsten mit Ihrem Baseballschläger, aber da Sie der perfekte Gastgeber sind und sich gerade nicht erinnern können, wo Sie den Schläger gelassen haben, fragen Sie geduldig weiter: »Wie wär's mit einem Wodka oder Gin?«

»Jetzt sag bloß nicht, du kennst keinen Haubitzenflip!?« Sie sieht Sie mitleidig an. »Also! Du kommst aber nicht viel rum, wie? Wo lebst du eigentlich, unter einem Stein?« (Im Moment hätten Sie nichts dagegen.) »In In-Kreisen trinkt man nur noch Haubitzenflips. Argentinisch. Hat Rubirosa aufgebracht, und das Zeug trinkt sich wie Milch – kann man sich kaum vorstellen, stimmt aber. Gestern abend hab ich drei Stück getrunken und was irrsinnig Aufregendes geträumt – alles über Paul Anka!«

Bevor sie den ganzen Traum nacherzählen kann, sagen Sie sehr sanft und mit einem Lächeln wie Mona Lisa: »Wenn du mir sagst, woraus dein Drink besteht, mache ich dir gern einen.«

»Also«, erwidert sie, »ein Teil irischer Whiskey, ein Schnapsglas Rum, ein Drittel Grenadine, ein Schuß Angosturabitter, ein Löffelchen Granatapfel und zehn Tropfen Schlagsahne.«

Sie kontern mit: »Wie wär's mit ein paar Schoko-Seconal?«

»Wenn's dir zu umständlich ist«, erwidert sie vernichtend, »mache ich's eben selber.«

Und ehe Sie sich ihr in den Weg werfen können, ist sie schon in der Küche, kleckert mit Granatapfelsaft und

Schlagsahne, räumt das Essen aus dem Weg, brüllt die Köchin an und vernichtet quasi im Vorbeimischen Nahrungsmittel im Wert von achtundvierzig Dollar.

Ein weiteres entzückendes Exemplar ist der eichhörnchenartige Einzelgänger. Er kommt allein; er kommt früh; er ist verrückt nach Nüssen. Er vertreibt sich die Zeit bis zum Essen, indem er laut kauend einer ganzen Schüssel Erdnüsse den Garaus macht. Anschließend ist er halb satt und arbeitet sich häppchenweise durch die Gänge. Viel ißt er nicht – ein bißchen Kaviar hier, den einen oder anderen Trüffel dort. Nach dem Essen jedoch läuft er zu großer Form auf, beziehungsweise zu den Pistazien auf dem Couchtisch, die der Bursche schneller verschwinden läßt, als man ausrechnen kann, was das wieder kostet – bei einssechzig pro Pfund! Man biete ihm eine große Schale Pistazien und eine Fuge von Bach, und schon ist die Welt sein.

Er arbeitet mit einer ganz speziellen Technik. Anders als seine zweibeinigen Freunde steckt er sich die Nüsse nicht einfach in den Mund, weil das, wie er sehr wohl weiß, seinen sofortigen Ausschluß aus der Eichhörnchengewerkschaft zur Folge hätte. Also ißt er die Nüsse richtig. Und um Nüsse *richtig* zu essen, muß man sie krachend aufbeißen, dann in die Hand nehmen, diese etwa zwanzig Zentimeter vom Gesicht entfernen und sich die Nüsse schließlich ruckartig Stück für Stück in den Rachen schleudern wie ein Heizer Kohlen in den Kessel seines steil bergauf keuchenden Güterzuges. Der Eichhörnchenmensch trifft immer – er schleudert mit traumwandlerischer Sicherheit. Sind schließlich sämtliche Nüsse verschwunden, springt er ohne Vorwarnung auf und flitzt behende ins Freie, vermutlich, um sich einen Baum für die Nacht zu suchen.

Will man Wochenendbesucher loswerden, erweisen sich die einfachsten Mittel oft auch als die wirkungsvollsten. In der Regel genügen einige geschickt plazierte Bemerkungen beim Abendessen. Das Auftischen des Bratens beispielsweise untermalen Sie am besten mit folgender Klage: »Mensch, Fleisch wird wirklich immer teurer! Man schafft es ja kaum mehr, seine Familie durchzufüttern, geschweige denn Gäste.«

Gegen Ende des zweiten Satzes funkeln Sie Ihren Gast zornig an. Sofern er einen Funken Stolz im Leibe hat (also eine Ausnahme darstellt), wird er sofort auf sein Zimmer gehen und seinen Koffer packen. Handelt es sich allerdings um einen normal gestrickten Wochenendgast, sind derartige Finessen reine Zeitverschwendung – in diesem Fall muß man zu stärkeren Mitteln greifen, bis hin zur Anwendung von roher Gewalt.

Letzteres empfiehlt sich allerdings nur, wenn der betreffende Gast entweder eine Frau ist oder ein außergewöhnlich kleiner Mann. (Wir merken uns also: Der kluge Gastgeber achtet immer darauf, seine Gäste möglichst kurz zu halten.) Gegen normal gewachsene Gäste hingegen behilft man sich mit einer Reihe unauffälliger Kunstgriffe. Als recht wirkungsvoll haben sich unterbrochene Wasserleitungen und abgeklemmte Telefonkabel erwiesen. Zuweilen hilft auch das Verbrennen von Briefen (bei denen, die ich kriege, hilft nichts anderes). Erstaunlich viele Menschen sind regelrecht allergisch gegen Krümel im Bett, besonders gegen die von Crackern und Schwedenbrötchen, und brechen Ihre Zelte spätestens ab, wenn sie am nächsten Morgen feststellen, daß sie aussehen wie panierte Kalbskoteletts. (Einer meiner Gäste allerdings war so begeistert von dieser Behandlung, daß er die Krümel Nacht für Nacht vor dem Einschlafen aufaß, nach einer Woche seinen ganzen Krempel auspackte und durch das Schlüsselloch nach Käse brüllte.)

Sollten Freunde von mir dies lesen und sich wiedererkennen, darf ich sie daran erinnern, daß ich zu scherzen beliebe. Und falls sie meinen, ich sollte sie jetzt gefälligst zum Essen einladen – in Ordnung. Sagen wir morgen abend, Punkt sechs, in *Joe's Coffee Pot,* Ecke Fifth und Main Street?

2.
Wie man im Gesellschaftsspiel gewinnt

Ich will Ihnen nichts vormachen. Früher steckte ich jedesmal fürchterlich in der Klemme, wenn ich an einer festlichen gedeckten Tafel saß und vor mir auf dem Tisch vier oder fünf verschiedene Gabeln glänzten. Aber das ist lange her. Damals waren die obersten Vierhunderteins noch die obersten Vierhundert, und ich war noch nicht die männliche Elsa Maxwell von Hollywood.

Freunde, die mich früher auslachten, sobald ich meinen Platz an der Tafel einnahm, suchen heute scharenweise meinen Rat in Benimmfragen. Gastgeberinnen hasten zum Telefon und erkundigen sich bei mir, welchen Wein man zu Wiener Würstchen serviert oder wie man den Ehrengast behandeln soll, der sich gerade drei Löffel in die Jackentasche gestopft hat. Das schönste Kompliment jedoch machte mir Amy Vanderbilt persönlich. Als sie mein Verhalten bei einem festlichen Diner beobachten durfte, mußte sie zugeben, daß sie, verglichen mit mir, von Etikette absolut nichts verstand. Ihre genauen Worte waren, soweit ich mich erinnere: »Wenn dieser Mr. Marx irgend etwas von Etikette versteht, bin ich eine Affenoma.«

Aber auch Applaus und Lobhudeleien ermüden auf Dauer. Es wird einem lästig, rund um die Uhr von irgendwelchen Leuten gelöchert zu werden, wie man zu einem mit allen Wassern gewaschenen Gesellschaftsspieler geworden ist – besonders, wenn man gerade die Hand einer weißrussischen Herzogin küßt und versucht, nicht zu sabbern. (Übrigens sind meines Wissens alle russischen Herzoginnen weiß, also weiß ich nicht, wieso man das »Weiß« nicht einfach wegläßt.)

Ich könnte sämtliche Ratsuchenden natürlich auf die Standardwerke zum Thema Umgangsformen und Benimm verweisen, fürchte jedoch, daß diese für Menschen wie mich, die ohne Diener, drei verschiedene Weine zu jeder Mahlzeit und Kaviar zum Frühstück auskommen müssen, nur von geringem Nutzen sind. Was ich erreicht habe, verdanke ich lediglich der Befolgung einiger einfacher Regeln und meinem untadeligen Lebenswandel.

1959 habe ich nachweislich an 336 Feiern teilgenommen, und zwar in mindestens zwölf Fällen sogar als geladener Gast. Man selbst muß natürlich ebenfalls Leute zu sich einladen. Damit möchte ich mich hier allerdings nicht lange aufhalten, da man bei sorgfältiger Planung sicherstellen kann, daß die eigenen Einladungen nur in Briefkästen von Leuten landen, die gerade verreist sind.

Dies erfordert, wie gesagt, sorgfältige Planung. Bei einem meiner Aufenthalte in New York lud ich zwölf Freunde zum Abendessen ein, die, Zeitungsmeldungen zufolge, an einem Kongreß in Minneapolis teilnahmen. Die Zeitungsmeldungen entpuppten sich als -enten. Lediglich vier meiner Bekannten waren nach Minneapolis gereist. Die anderen acht folgten der Einladung und waren, so wahr ich hier schreibe, über die Nachlässigkeit moderner Berichterstattung noch wesentlich entsetzter als ich selbst. Außer etwas Katzenfutter war nichts Eßbares im Haus, und ich hatte nicht mal eine Katze.

Auch ich selbst war nicht zu Hause, weil ich mich überraschend in Brooklyn zum Abendessen eingeladen hatte. Dies erwähne ich nur, um einen Aspekt des gesellschaftlichen Lebens zu beleuchten, den andere Benimmfachleute wohlweislich im Dunkeln ruhen lassen. Ich meine den ungebetenen Gast, beziehungsweise, wie man in ordinäreren Kreisen als den meinen sagt, den Schnorrer.

Beherzigen Sie bitte folgenden Rat: Falls Ihr Gastgeber aus irgendwelchen Gründen vergessen hat, sie zu der Feier einzuladen, an der sie gerade teilnehmen, bringen Sie ihn nicht in Verlegenheit, indem Sie ihn auf dieses Versäumnis hinweisen. Nur die allergewöhnlichsten Menschen platzen ohne Einladung in ein fremdes Heim und sagen: »Na, du bist mir ja einer! Feierst hier ne Party und lädst mich nicht ein! Hast Glück, daß ich nicht nachtragend bin – sonst wäre ich bestimmt nicht gekommen!«

Der feine Herr betritt das Haus nach Möglichkeit unbekümmert durch die Eingangstür und nicht durch eines der Fenster im ersten Stock (dies ist für meine Begriffe die unerfreulichste Form gesellschaftlichen Aufstiegs). Anschließend begibt er sich nicht schnurstracks zur Bar. Nicht nur, weil sich das nicht gehört, sondern weil dort gewöhnlich minderwertiger Partyfusel ausgeschenkt wird. Meiner Erfahrung nach muß man bloß dem Butler einen oder zwei Dollar zustecken, um an die guten Sachen zu kommen, die er (und natürlich auch der Gastgeber) selbst trinkt.

Da Kleider Leute machen, sollten Frauen sich mit besonderem Bedacht kleiden, um nicht mit Leuten verwechselt zu werden. Erfordert die Veranstaltung festliche Kleidung, erfährt die Dame dies vom Gastgeber. Dabei sollte man übrigens auf peinlich genaue Formulierungen achten: Ein mir bekanntes Mitglied einer der ersten New Yorker Familien (einer der ersten, wenn man die Tenth Avenue hochfährt) schrieb auf seine Einladungen »Kein Kleiderzwang«. Leider nahm eine der geladenen Damen, eine bezaubernde, attraktive Frau, diese Aufforderung allzu wörtlich. (Was heißt hier eigentlich »leider«?)

Als Faustregel gilt, daß Frauen grundsätzlich richtig liegen, wenn sie abends ein Abendkleid tragen und nachts ein Nachthemd. Mit der Herrenbekleidung ist es noch einfacher. Ein schwarzer Schlips wird immer gern gesehen, vorausgesetzt, man trägt ein Hemd mit Kragen. Der Frack bleibt fraglich, Rockschöße hingegen sind und bleiben ein hübscher Anblick.

Der erfahrene Abendgast sieht zu, daß er als erster zu Tisch geht, um gegebenenfalls die Sitzordnung korrigieren und Vollidioten aus seiner unmittelbaren Nähe entfernen zu können. Wird der Mann von Welt beim Austauschen der Tischkarten ertappt, macht er natürlich keine abfälligen Bemerkungen über die Vollidioten, sondern gibt sich betont konstruktiv und rettet die Situation mit fröhlichen Bemerkungen wie dieser: »Ich muß einfach neben Gräfin Rittenhouse sitzen. Die Jungs im Club haben mir erzählt, daß sie zum Schreien komisch ist, wenn sie erst mal ein paar Bier intus hat.« (Es gilt als außerordentlich ungehobelt, dieser Bemerkung ein anzügliches »Nä, Gräfin?« hinzuzufügen.)

Und damit kommen wir zum Essen – das wird aber auch Zeit. Zuerst merken Sie sich bitte, daß der Salat links von Ihnen steht und nicht mit den Fingern angefaßt wird – außer wenn es Spargel ist, und auch dann nur mit spitzen. Das Messer halten Sie in der Rechten, das Ding mit dem komischen Zinken (Gräfin Rittenhouse) halten Sie sich am besten vom Leib.

Stellt einen feinen Herrn das auf fremden Tischen servierte Essen nicht zufrieden, nimmt er dies klaglos hin und murrt nicht, er hätte zu Hause zu wesentlich früherer Stunde wesentlich besser essen können. Und er stößt ganz bestimmt keine Drohungen folgender Güteklasse aus: »Gnädigste, wenn mit diesem Schnitzel Leichengift in meinem Magen landet, hören Sie morgen früh von meinem Anwalt.« (Im Falle dieses Falles wird er sich ohnehin eher um eine gütliche Beilegung seiner sterblichen Überreste bemühen müssen). All dies kann man natürlich umgehen, indem man die Gastgeberin anlächelt und sagt: »Ella, Liebes, die Suppe und den Salat hab ich geschafft, aber dieser Schweinefraß schafft *mich.* Magst du mir vielleicht ein paar Eier in die Pfanne hauen?«

Es gibt viel Schönes im Leben, aber nichts ist so schön und beliebt wie Schmusen. (Falls Teenager dies lesen, ersetzen Sie »Schmusen« bitte durch die derzeit gebräuchliche Bezeichnung.) Der wahre Gentleman frönt dieser Freizeitbeschäftigung allerdings nicht wahllos. Er schmust nicht im Ballsaal, solange der nicht brechend voll ist, und wird niemals versuchen, eine junge Dame abzuknutschen, die gerade nach einem Polizisten gerufen hat. Offensichtlich fühlen sich Frauen von uniformierten Männern stärker angezogen als von uns normalen Figuren in Straßenanzügen.

Nur sehr wenige junge Frauen finden Gefallen an eindeutigen Annäherungsversuchen aus heiterem Himmel (falls das nicht stimmt, hatte ich in meinem Leben wahnsinniges Pech). Im gesellschaftlichen Umgang müssen sie lernen, Männer auf Distanz zu halten, ohne sie zu beleidigen. Am besten gelingt dies mit Hilfe von Schmeicheleien – persönlichen Bemerkungen wie: »Hat

Ihnen schon mal jemand gesagt, daß Sie aussehen wie ein Frettchen?«

Und nun wollen wir mal sehen, ob Sie aufgepaßt haben.

Was tun Sie, wenn Ihnen der Truthahn beim Zerlegen wegrutscht und auf dem Schoß der Matrone zu ihrer Rechten landet?

(a) Sie entschuldigen sich ausgiebig.

(b) Sie brechen in Tränen aus.

(c) Sie sagen: »Gnädigste, daß ich Ihnen einen Vogel zeige, heißt nicht, daß sie ihn allein essen dürfen – also her mit dem Vieh.«

Gehören rohe Schnitzel auf den Tisch oder auf blaue Augen?

Darf man einen Spitznamen – wie zum Beispiel »Stinky« – auf seine Visitenkarte drucken lassen, wenn man sowieso von niemandem Roderick genannt wird?

Wenn eine junge Dame Ihre Aufforderung zum Tanz mit der Begründung zurückweist, sie habe Fußschmerzen, und dann dreißig Sekunden später mit einem jungen Mann davonwalzert, der mehr Vaseline in den Haaren (und mehr Haare) hat als Sie – fragen Sie die junge Dame dann nach der Adresse ihres Orthopäden, oder stellen Sie sich tot?

Muß eine Dame, die sich die Restaurantrechnung schnappt, ihrem Begleiter die Kohle unter dem Tisch zustecken, oder darf sie diese offen dem Kellner überreichen?

Ist es schicklich, beim Verlassen eines eben von der Polizei ausgehobenen Nachtclubs zuerst die Dame in die grüne Minna steigen zu lassen?

Soll ein junger Mann, der beim Essen in einem schicken Restaurant mit seiner Frau aneinandergerät, laut werden oder leise treten?

Beschreiben Sie Muster und Farben dreier Westen von Lucius Beebe.

Wie hält man einen Komponisten bei einer Feier vom Klavier fern, ohne sich im Ton zu vergreifen?

Wenn Sie sieben der obenstehenden Fragen falsch beantwortet und die Deckel von vier Haferflockenpackungen gegessen haben, fordern Sie bitte noch heute Ihren persönlichen Partylöwen-Sticker an.

Und wann, sagten Sie, soll ich bei Ihnen zum Abendessen vorbeischauen?

3.
Ich, Hollywoods Paria

Hollywoods Leiter zu gesellschaftlichem Ruf und Rang ist lang und schwindelerregend, und wenn Sie ganz genau hinsehen, entdecken Sie direkt unter der untersten Sprosse … na, das werden Sie ja gleich lesen.

Es ist dreiundzwanzig Uhr, und ich sitze mit einer Auswahl aus den Werken von Walter Scott und einem Glas warmer Milch im Bett. Aber glauben Sie nicht, ich hätte den ganzen Abend im Bett verbracht. Bis vor wenigen Minuten war ich bei Freunden zu Gast. Wir waren zu sechst, Gastgeberin und Gastgeber mitgezählt. Vor dem Essen gab es für alle Sherry und nach dem Essen für alle Likör und eine zweistündige Unterhaltung. Die Männer diskutierten über Politik, Verkehrsprobleme und Frauen. Die Frauen sprachen über Frisuren, den Elternrat und Männer. Gegen halb elf setzte allgemeines Gähnen ein, und um elf lag ich zu Hause im Bett.

Nach dreißig Jahren Hollywood bin ich endlich, wenn auch widerstrebend, zu der Erkenntnis gekommen, daß ich gesellschaftlich gescheitert bin. Ich bin inzwischen überzeugt, an beinahe sämtlichen Krankheiten zu leiden, von deren Heilung binnen vierundzwanzig Stunden andauernd im Werbefernsehen die laute Rede ist. Nur so läßt sich mein zurückgezogenes Leben am Rande einer weltweit für ihren Rummel und ihre Fröhlichkeit berühmten Stadt erklären.

Ich scheine nie in jene Kreise zu geraten, über die sämtliche Kolumnisten der Stadt dauernd berichten. Es stimmt zwar, daß mein Name gelegentlich in diesen Kolumnen erwähnt wird, aber dann meist im Zusammenhang mit Fernsehsendungen, in denen ich auftreten soll, oder anderen theatralischen Auftritten. Jedenfalls steht mein Name nie in den Film- und Klatschspalten, wenn jemand ein rauschendes Fest wie das nachfolgend beschriebene geschmissen hat:

> Mr. und Mrs. Basil Metabolismus hatten gestern dreihundertsechzig Paare zu einer Gartenparty geladen, um Steve Gwendolyns Rückkehr aus Peru zu feiern. Der drei Hektar große Garten war vollständig von einem Satinzelt verhüllt, und sämtliche Paare erhielten zur Begrüßung einen Miniatur-Swimmingpool und ein Fäßchen Champagner. Sämtliche Kameras der dem Ereignis beiwohnenden *Life*-Fotografen waren auf die Starlets mit den knappsten Bikinis gerichtet. Um dreiundzwanzig Uhr wurde die Tochter des Gastgebers im Rahmen einer Ulk-Auktion an einen Gebrauchtwagenhändler versteigert, der anschließend spaßte, er werde sie vermutlich für einen neuen Rolls-Royce in Zahlung geben. Kim und Frankie schneiten gegen ein Uhr früh vorbei und verzauberten die Gäste mit Liedern von Burl Ives. Gegen drei Uhr wurden nackte Mädchen mit einer Riesenkanone in die Arme glücklicher Strohwitwer geschossen, und erst im Licht der aufgehenden Sonne löste sich die Orgie schließlich auf.

Obwohl Hollywood ständig in Bewegung ist, bewegt sich die ganze Stadt in irgendwelchen Kreisen, und wenn man keinem dieser Kreise eindeutig zuzuordnen ist, sitzt man abends allein zu Hause und repariert die Waschmaschine oder den Fernsehapparat oder versucht, ein großes Schiff in eine kleine Flasche zu fädeln.

Es gibt zum Beispiel eine Spieler-Clique. Deren Mitglieder brechen immer nachmittags zu einer der städtischen Rennbahnen auf – ausgerüstet mit Ferngläsern, Wettscheinen und reichlich Blondinen für unterwegs. Die Namen der fünfzig Bundesstaaten kriegen sie zwar nicht zusammen, können aber die Namen sämtlicher Klepper herunterrasseln, die an diesem Tag auf den Rennbahnen der Stadt an den Start gehen. Keine Stunde ihrer kostbaren Zeit lassen sie ungenutzt verstreichen: Auf dem Weg zur Rennbahn spielen sie Gin-Rommé, auf dem Rückweg spielen sie Gin-Rommé, und nach dem Abendessen spielen sie Gin-Rommé, bis sie wieder auf die Rennbahn müssen. Steht ihnen im Winter glücklicherweise gerade eine Scheidung ins Haus, reisen sie nach Las Vegas oder Reno. Dort entledigen sie sich der oder des Alten, spielen Gin-Rommé und gewinnen dabei auch gleich einen neuen Partner fürs Leben. Sie sind ständig auf Achse – entweder gerade auf dem Rückflug von Mexico City oder kurz vor dem Start nach Jamaika. Sind sie des ewigen Spielens überdrüssig, suchen sie Zuflucht in Nachtclubs und Kneipen, in denen das Leben tobt. In diesen Etablissements geht es bekanntermaßen laut und rauflustig zu, und in etlichen sind Abendgarderobe und Schlagring Zwang. Etwa einmal wöchentlich rauschen Meldungen wie diese durch den Blätterwald:

Devereaux Barrett, Hauptdarsteller im Musical *Death Valley Days,* endete gestern nacht im *Copacadero* am falschen Ende einer Ginflasche. Beim Gerichtstermin heute morgen sagte der mit einem hübschen Veilchen erschienene Barrett aus, es habe sich bei der ganzen Angelegenheit um ein Mißverständnis gehandelt. Er habe unter dem Tisch gelegen und seiner Verlobten den Schuh anzünden wollen, nur sei es in dem Lokal leider so voll gewesen, daß er versehentlich die Beine der Frau eines bekannten Bergbauingenieurs erwischt habe, der gerade unter den Nachbartisch gekippt war.

Da haben Sie's – Leben, Liebe und Gelächter. Und was tue ich, während all das stattfindet? Ich sitze zu Hause und trockne Kirschkerne, um dem Neffen meiner Köchin einen Sitzsack zu basteln.

Für die Sportlerclique bin ich inzwischen ein bißchen zu alt, fürchte aber, daß ich in diesen Kreisen nicht mal in meiner Sturm- und Drangzeit überlebt hätte, als meine Arterien noch so weich waren wie meine Birne. Ich bin nie eingeladen worden, aber vielleicht ist das auch ganz gut so. Diese Leute sind schon im Morgengrauen auf den Beinen und galoppieren über Gebirgspfade und Wildbäche. Sie schlingen ihr Frühstück noch im Sattel herunter, peitschen die schaumbedeckten Rösser zurück in die Ställe und hechten in den nächstbesten Swimmingpool. Wem der gehört, ist ihnen völlig egal. Sie tauchen so schnell rein und wieder raus, daß sie sowieso niemand erkennt. Anschließend spielen sie fünf Sätze Tennis, fahren auf einen Sprung ans Meer und vergnügen sich bis zum Abendessen mit Handball. Nach dem Essen spielen sie Tischtennis, bis die Pferde sich erholt haben. Und während diese Supermänner über Berg und Tal galoppieren, tappere ich durchs Badezimmer und stopfe mir jedes kleine weiße Kügelchen in den Mund, das aussieht wie eine Eintrittskarte ins Land der Träume.

Auch die Intellektuellen wollen nichts mit mir zu tun haben. Rein äußerlich passe ich ganz gut zu ihnen. Meine Schläfen werden immer grauer, ich hinke leicht und trage eine dicke Brille. Aber ich bin gewogen und für zu leicht befunden worden. Aufgrund eines bis heute ungeklärten Mißverständnisses wurde ich zu einer ihrer Dinnerparties eingeladen. Unmittelbar nach Erhalt der Einladung wetzte ich in die Leihbücherei und riß mir ein Dutzend ausgewählte Klassiker unter den Nagel. Ich las Plato quer, Spinoza kreuz und Finnegans Wake von vorn nach hinten und von hinten nach vorn (beim zweiten Lesen verstand ich wesentlich mehr). Am Abend vor der Feier fühlte ich mich schlau genug, um mich durchwurschteln zu können. Inzwischen bin ich schlauer. Ich befand mich unter Schriftstellern. Die meisten der anwesenden Frauen hatten kurze Haare und dicke Socken, die meisten der Männer hatten Magengeschwüre und keine Socken. Erst als die Beleuchtung für die Gesellschaftsspiele voll aufgedreht wurde, konnte man Männlein und Weiblein einigermaßen auseinanderhalten.

Ich war noch immer damit beschäftigt, mir die Reste des Früchtebechers von der Weste zu wischen, als die Gastgeberin uns alle ins Wohnzimmer scheuchte und mit Bleistiften und Zetteln ausstattete. Anschließend wurden zwei Gruppen gebildet, die einander mit Fragen bombardierten, denen nicht einmal die vereinten Geisteskräfte von Bertrand Russell, Nathan Pusey und Arthur Schlesinger (Senior und Junior) gewachsen gewesen wären. Man verwickelte mich höflich in einige intellektuelle Geplänkel und ließ mich dann gnädigerweise in die Küche schleichen, wo ich weiter an den Flecken auf meiner Weste herumrubbeln konnte.

In Hollywood gibt es noch viele andere Cliquen und Kreise. Sie unterscheiden sich in mancher Hinsicht, haben aber eines gemein: Sie wollen nichts von mir wissen. Ich bin bloß ein einsamer Strandläufer an den schillernden gesellschaftlichen Gestaden der Stadt.

Zugegeben, das ist entmutigend – dennoch bin ich finster entschlossen, eines Tages in die besseren Kreise von Hollywood vorzudringen. Und falls all meine Versuche fehlschlagen, werde ich irgendwann am Sunset Boulevard in meinem Wagen sitzen und gegen geringe Gebühr Touristen an jenen prachtvollen Häusern vorbeikutschieren, in die man mich nie einlädt.

4.
Abenteuer eines Aushilfskutschers

Vor einigen Jahren war Clare Booth Luce unsere Botschafterin in Italien, und ich war Schauspieler in Hollywood. Wir lernten uns eines Abends bei einer eleganten Dinnerparty kennen. Meine Einladung zu dieser Party verdankte ich lediglich dem Umstand, daß der Gastgeber bei mir alte Spielschulden in Höhe von dreihundert Dollar hatte – und da ich das Geld sowieso niemals bekommen würde, wollte ich soviel wie irgend möglich in Form von kostenlosen Mahlzeiten einsacken.

Wie Mrs. Luce war auch ich allein gekommen. Sie wohnte bei Freunden in Bel Air und hatte sich von denen zur Feier bringen lassen. Als sich die Gesellschaft gegen ein Uhr morgens auflöste, fragte der Gastgeber mich, ob ich Mrs. Luce nach Hause bringen könne. Mißtrauisch fragte ich: »Wo wohnt sie denn?«

»Ach, irgendwo in Bel Air«, erwiderte er.

»Mit Vergnügen«, sagte ich. »Nettes Plätzchen, Bel Air.«

Unser Gastgeber sagte: »Na ja, es ist heute nacht ziemlich neblig. Hoffentlich verfährst du dich nicht.«

»Ich? Mich verfahren? Nie und nimmer. Die Ecke kenne ich wie eine Mutter ihr Kind. Immerhin bin ich so was wie ein eingeborener Kalifornier.« Ich weiß nicht, weshalb ich das sagte. Vermutlich nur, weil ich im Grunde ein Großmaul bin und jede sich bietende Gelegenheit nutze, mich selbst ins beste Licht zu rücken.

Ich, der noch nie einen Botschafter chauffiert hatte, geschweige denn eine Botschafterin, wandte mich an Mrs. Luce und sagte mit all der mir angeborenen Galanterie, die mich seit frühester Kindheit vom rohen Gesocks unterscheidet: »Ich fühle mich geehrt, eine bedeutende Persönlichkeit wie Sie an Ihr Ziel geleiten zu dürfen.«

Ich dachte für einen Augenblick, Mrs. Luce sei ob dieser sinnfreien Bemerkung zusammengezuckt, aber wahrscheinlich bildete ich mir das nur ein.

Ich lebte seit 1930 in Kalifornien, oder besser gesagt: Ich hatte mich unmittelbar nach dem Börsenkrach aus New York abgesetzt. Hinzufügen sollte ich vielleicht, daß ich damals gerade noch genug Geld hatte, um die Busfahrkarte zu bezahlen. Aber obwohl ich nun seit gut dreißig Jahren hier lebe, komme ich mit gewissen Teilen der Stadt einfach nicht zurecht. Nach fünf Minuten in diesem Labyrinth namens Bel Air fühle ich mich wie mitten auf den Solomon Islands. Meinen Orientierungssinn kann man getrost als leicht exzentrisch bezeichnen, was sowohl an meiner Zweistärkenbrille liegen könnte als auch daran, daß ich seit Coolidges Amtszeit nicht mehr beim Augenarzt war. Weilte Daniel Boone noch unter uns, hätte er seine helle Freude an meinen hilflosen Versuchen, mich auf fremdem Territorium nicht zu verfransen.

Als ich letzte Woche in einem erstklassigen Hotel zu Abend aß, marschierte ich schnurstracks in einen Raum, den ich für die Herrentoilette hielt, wurde von panisch ins Freie flüchtenden Gestalten fast umgerannt und fragte mich leise, ob Männer neuerdings wirklich solche seltsamen Flatterkleidchen tragen.

Ganz Bel Air entstammt eindeutig dem Hirn eines teuflischen Sadisten, der bei der Ausführung seiner Pläne absichtlich auf Kompaß und Geometer verzichtet hat. Inzwischen ist der Kerl natürlich oben im Himmel, beim Allmächtigen Landkartenerschaffer, aber vor meinem geistigen Auge sehe ich ihn in einem hohen Turm sitzen, den Blick über seine Schöpfung schweifen lassen und hysterisch glucksend durch seinen Feldstecher beobachten, wie seine elenden Opfer einander auf dem Zickzackmarsch durch die Vorhölle hilflos immer wieder über den Weg fahren, ohne ihrem Ziel je näher zu kommen. Wenn man zwei Dutzend gekochte Spaghetti achtlos auf einen angeschlagenen Teller wirft und diesen anschließend aus dem Fenster, bekommt man eine ziemlich genaue Vorstellung vom Straßenverlauf in dieser Gegend. Um dem verwirrten Fahrer endgültig den Rest zu geben, ziehen jeweils gegen zweiundzwanzig Uhr dichte Nebelbänke vom blauen Pazifik gen Bel Air und hüllen den ländlichen Grund und Boden vollständig in schleierhafte Schwaden.

Wir brachen mutig auf und schwammen schon fünf Minuten später, als wären wir im Nildelta unterwegs. Anschließend verbrachten wir eine gute Stunde mit ziellosem Herumkurven. Wir nutzten die Zeit, um über unseren Gastgeber zu sprechen. Und über Politik. Und über die Weltlage. Über jeden Aspekt. Erschöpfend.

Mrs. Luce ist eine glänzende Gesprächspartnerin und schien das Ende unserer kleinen Reise ob meines zunehmend fahriger werdenden Geredes kaum mehr erwarten zu können. Wie die meisten erfolgreichen Frauen ist sie praktisch veranlagt und äußerst scharfsichtig. Als ich ihr haarklein zu vermitteln versuchte, weshalb Rembrandts Gemälde dem Zahn der Zeit unmöglich standhalten konnten, unterbrach sie mich mit den Worten: »Mr. Marx, ich habe keine Zweifel an ihren fahrerischen Fähigkeiten oder ihrem Orientierungssinn, aber mir scheint, daß Sie – wenn Sie mir die Offenheit nachsehen wollen – nicht die leiseste Ahnung haben, wo wir uns befinden. Sollten wir nicht vernünftigerweise an der nächsten Ecke halten und nach einem Straßenschild Ausschau halten?«

Landschaftlich kann man Bel Air mit Fug und Recht als paradiesisch bezeichnen. Sogar die Laternenpfähle (an denen die Straßenschilder befestigt sind) stehen inmitten hoher Ziersträucher, um von der ernüchternden Tatsache abzulenken, daß sie nicht in der Luft schweben, sondern wie die Laternenpfähle in Dubuque oder Weekok fest im Gehweg wurzeln.

Der Nebel wurde immer dichter, und die Sichtweite betrug inzwischen nur mehr gute drei Meter. Ich verstand Mrs. Luces Wink mit dem Laternenpfahl und hielt an der nächsten Straßenecke an. Wir beide stiegen aus, und, angespornt von meiner Begleiterin, erklomm ich den Pfahl wie ein geborener Affe. Meine jahrelange Marineausbildung kam mir dabei zustatten.

Ich las den Straßennamen. »Mrs. Luce«, rief ich nach unten, »Sie brauchen sich keine Sorgen mehr zu machen. Ich weiß jetzt genau, wo wir sind. Außerdem möchte ich diese Gelegenheit nutzen, mich bei Ihnen für mein Abkommen vom rechten Wege zu entschuldigen. Wie ich zu meiner Schande gestehen muß, war ich dermaßen gefangen von Ihren Ausführungen über die Weltlage, daß ich das Fahren, also meine eigentliche Aufgabe, ein klein wenig vernachlässigt habe.«

Kaum war ich elegant wieder nach unten gerutscht und stand neben Mrs. Luce im dichten, feuchten Buschwerk, da kam aus dem Nebel eine Gestalt auf uns zu. Ich sah ihr ins Gesicht und erkannte Charles Brackett, einen beim

Twentieth-Century-Fox-Studio angestellten Produzenten und Autor. Mr. Brackett residiert in Bel Air, ist als Teilzeitschlafwandler bekannt und veranstaltet mit seiner Töle (die er aus unerfindlichen Gründen beharrlich als Rassepudel bezeichnet) allmorgendlich um zwei einen rituellen Gassi-Gang in den Hügeln von Bel Air. Das wird Ihnen eine Vorstellung vom faszinierenden Leben durchschnittlicher Filmproduzenten in ihren abgeschiedenen Enklaven vermitteln.

Mr. Brackett ist ein ausgesprochen würdiger Herr und läßt sich kaum aus der Fassung bringen, wirkte aber doch ein wenig irritiert, wenn nicht entsetzt, als er die beiden verschleierten Gestalten in der klatschnassen Hecke erblickte. Er musterte uns gründlich, als traue er seinen Augen nicht, dann wandte er sich an seinen Hund. »Spyros«, sagte er, »bis eben dachte ich, ich hätte schon alles erlebt, aber wenn mir jemand prophezeit hätte, daß ich eines Tages die amerikanische Botschafterin in Italien und Groucho Marx um zwei Uhr morgens in einem Gebüsch in Bel Air erwischen würde, hätte ich ihn für verrückt erklärt!« Dann zog er seinen Hut vor Mrs. Luce und erläuterte uns geduldig den Weg aus dem Labyrinth, das sich hervorragend zum Abrichten von Ratten geeignet hätte, wäre es etwas kleiner gewesen. Anschließend wandte er sich ab und verschwand im Nebel.

Mrs. Luce sagte fröhlich: »So, Mr. Marx, dank dieser Hinweise werden wir nun sicherlich in fünf Minuten am Ziel sein.«

Sie konnte nicht wissen, daß meine Konzentrationsfähigkeit jeder Beschreibung spottet und daß ich Mr. Bracketts Ausführungen bereits wieder vollständig vergessen hatte.

Mrs. Luces Freunde hatten inzwischen aus lauter Sorge um die noch immer nicht nach Hause zurückgekehrte Freundin bei unserem gemeinsamen Gastgeber angerufen und von diesem erfahren, daß wir sein Haus um ein Uhr verlassen hatten und spätestens um viertel nach eins bei ihnen hätten eintreffen müssen. Beunruhigt benachrichtigte man die Polizei, die prompt zwei Streifenwagen nach Bel Air schickte, um die Gegend abzusuchen. Sie fanden uns um zwanzig vor fünf. Mrs. Luce stand in feuchten Büschen, und ich hing wieder mal an einem Laternenpfahl.

Früh am nächsten Morgen trat ich meinen Dienst bei MGM wieder an, und daß Mrs. Luce zur gleichen Zeit die Rückreise nach Italien antrat, hatte – so wahr ich hier schreibe – mit den nächtlichen Ereignissen nichts zu tun. Aus unerfindlichen Gründen hat sie mich seither aber nie wieder gebeten, sie nach Hause zu bringen.

5.
Ein Abend mit gestörten Geistern

Geht es um andere Dinge als Mode, Schönheitssalons und Frank Sinatra, sind Frauen nur sehr selten einer Meinung. Ein Thema jedoch scheint es ihnen ausnahmslos unheilvoll angetan zu haben – ich meine den Mystizismus. Kristallkugeln, Zigeunerwahrsagerinnen, Teeblätter, Handlesen, Séancen, ja selbst die Botschaften in chinesischen Glückskeksen schlagen sie in ihren Bann. Dies beweist, daß die Frauen dem Dschungel vor höchstens fünfzehn Jahren den Rücken gekehrt haben können. Andererseits macht gerade das – neben Stöckelschuhen, Strumpfhosen, prallen Büstenhaltern und makellosen Zähnen – sie so anziehend für uns Männer.

Ich habe sogar erlebt, wie sie stundenlang völlig gebannt und mit großen Augen vor einem unförmigen Stück Holz hockten, das sie Ouija-Brett nannten. Hatte ich die Stirn, sie darauf hinzuweisen, daß nicht übernatürliche Kräfte für die Verschieberei verantwortlich waren, sondern sie selbst, entblößten sie ihre herrlichen Hauer und befahlen mir, die Klappe zu halten und die Kurve zu kratzen.

Nachdem ich nach Hollywood gezogen war, wohnte ich zuerst in einem alten, staubigen Haus in den Hügeln. Damals konnte man noch nicht auf die Hilfe des Fernsehens bauen, wenn man sich den Abend vermasseln wollte, und mußte sich die langen, öden Nächte zwischen irgendwelchen Dinnerparties auf andere Weise vertreiben. Den Sex hatten die meisten meiner Bekannten entdeckt und gleich wieder aufgegeben.

Eines Abends saßen die Frauen von vier meiner Freunde vor dem großen Kamin in unserem Wohnzimmer. Alle vier waren gestandene Mädchen in den besten Jahren mit erwachsenen Kindern und gefärbten Haaren. Und was taten sie? Sie schubsten angespannt ein kleines, hölzernes Objekt, das aussah wie eine durchlöcherte Niere, über ein Ouija-Brett.

An jenem Abend war es angenehm warm, und im Kamin lagen bloß eine alte, zerknüllte Zeitung vom letzten Winter und ein paar angekohlte Holzscheite. Und die dußligen Damen saßen da und schubsten den dämlichen Gegenstand auf und nieder und rings ums Brett. Vor lauter Aufregung bekamen sie Stielaugen. Sie hätten sich nicht mal von einem Erdbeben stören lassen.

Schließlich ging ich zu ihnen und fragte betont freundlich, was denn so aufregend sei. Eine der Damen sagte, ich solle die Klappe halten. Die zweite ergänzte geistreich: »Fahr zur Hölle!« Nummer drei murmelte bloß: »Verschwinde, du Idiot!« und Nummer vier zischte mir verbissen zu: »Nur, damit du's weißt, du Trottel: Wir empfangen gerade spirituelle Signale von George Washington!«

George Washington? Wenn es wenigstens George Raft gewesen wäre, hätte ich Verständnis gehabt. Aber Washington? Der ist doch schon fast zweihundert Jahre tot (und hat heute vermutlich mehr zu tun denn je), und trotzdem hockten diese vier schwachsinnigen Hausfrauen da und versuchten, mit ihm Kontakt aufzunehmen. Wären sie auf einen Kontakt mit Martha ausgewesen, hätte mir das durchaus eingeleuchtet – aber was konnten sie mit George zu besprechen haben?

Immer und immer wieder schoben die alten Jungfern den Holzklotz auf dem Brett herum. Schließlich sagte eine von ihnen: »George, wir rufen dich. Empfängst du unser Signal? Hörst du uns?«

Ob George sie hörte, weiß ich nicht, aber aus dem Kamin schoß urplötzlich eine mittelgroße Maus. Unter lautem Kreischen sprangen die vier Frauen aufs Klavier.

Ich konnte sie nicht davon überzeugen, daß die Maus nicht unser Landesvater war. Aber so, wie die Dinge heute liegen, hätte ich dafür auch nicht meine Hand ins Feuer legen wollen.

6.
Nicht Medium, aber roh

Als wir vor Jahren auf der South Side von Chicago lebten, hatte sich dieses Viertel bereits zu einem recht ansehnlichen Slum gemausert. Die meisten der wohlhabenderen Ureinwohner hatten längst die Kurve gekratzt und waren entweder weiter in den Süden gezogen oder in eine der Straßen auf der North Side, sprich, wenn sie nicht aufgepaßt hatten, nach Milwaukee.

Die großen, vornehmen Häuser verkamen zunehmend und wurden von Schneidern, Klempnern, Grundstückshaien, leichten Mädchen und anderen energiegeladenen Handwerkern und Gewerbetreibenden bezogen. In einem der wüsten Sandsteinklötze in unserer Umgebung hauste eine Spiritistin. Ihre Handzettel kursierten auf der gesamten South Side. Ganze Rasenflächen waren von ihren Zettelchen bedeckt. An den genauen Wortlaut erinnere ich mich nicht, weiß aber noch, daß alles ausgesprochen tröstlich klang. Große, scharlachrote Buchstaben fragten: »Möchten Sie mit Ihren Angehörigen in Kontakt treten, obwohl sie nicht mehr unter uns weilen? Denken Sie daran, daß Ihre Lieben auch im Jenseits Sehnsucht empfinden. Wir helfen Ihnen gern, den Kontakt aufzunehmen. Keine Frage über das Jenseits bleibt unbeantwortet. Jeden Abend von 20 Uhr 30 bis 23 Uhr im Saal der Mystik.« Anschließend folgten die Anschrift und diese Unterschrift:

»Madame Ali Ben Mekka, führende Vertreterin arabischer Okkultismuskünste.«

Aus langjähriger Erfahrung an der innerhäuslichen Front wußte ich, daß ich über kurz oder lang zur Teilnahme an einer dieser Séancen aufgefordert würde. Es wäre am schlausten gewesen, gleich der ersten Aufforderung nachzukommen. Damit hätte ich mir wochenlange Streitereien, Vorwürfe und Verbalschlägereien erspart.

Beim unserem Eintreffen füllte sich das große, schmuddlige Zimmer gerade mit Menschen. Auf dem Altar standen zwei dampfende Urnen. Ich habe selten etwas so Sonderbares eingeatmet. Als erfahrener Vaudeville-Schauspieler erschnupperte ich sofort die charakteristischen Gestanksmerkmale einer schwelenden, ziemlich ungewöhnlichen Mischung aus Opium, Blumenkohl, Hundehaufen und Eau de toilette. Spontan wurde ich ohnmächtig. Meine Begleiterin jedoch, eine gestandene Veteranin aus etlichen Schlußverkaufs- und gegenseitigen Vernichtungsschlachten, zerrte mich rasch auf einen Hocker und fächelte mir Luft zu. Nach anfänglichen Schwierigkeiten, mich bei Bewußtsein zu halten, löste sie das Problem schließlich durch stetige Tritte gegen mein Schienbein.

Ich schüttelte mich wie ein Neufundländer nach dem Bade und sah, daß neben dem Heiligtum jetzt ein großer, anämischer Zombie stand, der eine russische Generalsuniform und einen riesigen Zylinder trug. Er bat uns alle um etwas Geduld und erklärte blumig, Madame könne erst auftreten, wenn sie ihr Ektoplasma mit der Welt der Geister in Einklang gebracht habe. Während er längere Zeit in diesem Stil weiterbrabbelte, quoll der lebensgefährliche Rauch unaufhaltsam aus den beiden Urnen und gab sich alle erdenkliche Mühe, mich einzuschläfern. Die kleine

Dame an meiner Seite (meine Jugendgattin) gab sich ebensolche Mühe, mich wachzuhalten. Es wurde ein Wettstreit auf Qualmen und Treten. Sobald ich einen tiefen Atemzug von dem parfümierten Gestank nahm, sackte mein Kopf nach vorn. Kaum wurde die kleine Dame dessen gewahr, verpaßte sie mir einen wuchtigen Tritt vors Schienbein. Binnen Minuten war ich nicht nur im Vollrausch, sondern begannen zudem meine Knöchel die Farbe einer alten Meerschaumpfeife anzunehmen.

Plötzlich wurden von irgendwem zwei Becken zusammengescheppert, und die arabische Madame wehte herein, oder besser, wogte herein, denn sie war bestimmt hundertfünfzig Kilo schwer. Zwei olivenhäutige Diener schleppten die Schleppe ihres durchsichtigen Gewandes. Vielleicht war Madame tatsächlich – wie angekündigt – Araberin, aber in meinen Augen, also denen eines Mannes, der die Südstaaten jahrelang ausgiebig bereist hat, hatte sie verblüffende Ähnlichkeit mit *Aunt Jemina*. Der einzige Unterschied bestand eigentlich darin, daß Madame kein Päckchen Pfannkuchenmehl in der Hand hielt. Ihr Eintreten trug mir einen schmerzhaften Rippenstoß von meiner Kontrahentin ein, und ehe ich mich versah, hatte ich drei Dollar an einen Tontopf verloren, den einer der Unterdiebe durch den Raum schleppte.

Da die dicke arabische Seherin inzwischen – mit gewaltigem, ihrem außerordentlichen Rang entsprechendem Brimborium – Platz genommen hatte, verkündete der Marktschreier, die drei Dollar, die wir alle soeben in den Topf gespendet hätten, berechtigten uns hinsichtlich der anstehenden Astralkommunikation zu gar nichts. Er erklärte feierlich, es handle sich lediglich um die Eintrittsgebühr, fügte jedoch hinzu, gegen Entrichtung weiterer fünf Dollar werde Madame mit jedem unserer Freunde oder Bekannten in Kontakt treten, der schlauerweise schon vor dieser Veranstaltung den Löffel abgegeben hatte. Dann ließ er vor lauter Geldgier alle Vorsicht außer acht und sagte: »Falls Sie keine lieben Verstorbenen haben, beantwortet Madame auch jede andere Frage, ganz egal, zu welchem Thema – Börse, Sportergebnisse, Ihre verbleibende Lebenszeit oder was Sie sonst zu wissen wünschen. Die Königin sieht alles und weiß alles.«

Meiner zunehmenden Umnachtung zum Trotz stand ich bei Erwähnung der fünf Dollar sofort auf und wollte in Richtung Ausgang tappen. Meine reizende Begleiterin zeigte sich der Lage gewachsen, indem sie mich beim Hosenboden packte und auf den Melkschemel zurückriß, auf dem ich nun schon eine geschlagene Stunde gehockt hatte. »Sag mal, wo willst du denn hin?« zischte sie.

»Ich will hier raus, und zwar schleunigst«, erwiderte ich.

»Oh, nein, du gehst nicht raus! Du bleibst hier sitzen und rückst die fünf Dollar raus, du Geizhals!«

»Ach, komm«, winselte ich, »ich bin doch schon drei Dollar los. Wieso soll ich nun noch mal fünf hinlegen? Ich will nichts von dem hören, was die zu sagen hat.« Ich stellte fest, daß ich klar denken konnte, solange ich nicht atmete.

»Du hast vielleicht keine Fragen an sie«, sagte sie süffisant, »aber ich habe welche. Ich bin hergekommen, um mit dem Mann meiner Tante zu sprechen. Meinem Lieblingsonkel, der vor acht Jahren gestorben ist. Ich empfange immer noch Botschaften von ihm. Manchmal vibrieren wir nachts zusammen.«

Ich, der ich damals als recht geistreicher Komiker galt, erwiderte: »Warum schreibst du ihm keinen Brief? Schreib ihm auf Asbest. Du weiß doch, wo er steckt.«

»Ho, ho«, sagte sie, »unheimlich witzig. Du könntest Karriere machen – in der richtigen Kneipe. Und jetzt rück die fünf Dollar raus!«

Tante Jemina hatte sich inzwischen ins Reich der Träume verabschiedet. Der Marktschreier erklärte uns mit jetzt sehr sanfter, leiser Stimme, obwohl Madames fleischlicher Leib noch immer auf dem herrschaftlichen Thron sitze, fliege ihr Astralleib im Land zwischen Diesseits und Jenseits herum. Sobald sie zurückgekehrt sei, fügte er hinzu, dürfe sie jeder, der fünf Dollar in den Topf gelegt habe, über das Danach, das Jetzt oder die Zukunft befragen.

Kaum war er fertig mit dem Geschwätz, da schlug Madame Mekka auch schon langsam die Augen wieder auf, und die beiden Diener fächelten derartig auf die Weihrauchurnen ein, daß der parfümierte Qualm eine Dichte erreichte, bei der man heutzutage in Los Angeles sofort Smogalarm geben müßte.

Als erste der versammelten Gelackmeierten meldete sich eine verschrumpelte Schlampe zu Wort, deren Gesicht aussah wie eine Halloween-Maske. Sie sagte, ihr Mann sei nicht tot, sondern verschwunden, und wollte wissen, wann er wiederkomme. Also, bitte! Man muß doch wohl kein Hellseher sein, um das zu beantworten! Ein Blick auf diese Frau genügte. Viel interessanter und rätselhafter war, wie sie ihren Mann überhaupt bekommen hatte.

Madame beriet sich mit dem Marktschreier, und nach einigen Minuten gemurmelten Abrakadabras verkündete die Seherin, der Schreckschraubengatte werde mit Sicherheit binnen der nächsten zehn Jahre zurückkehren. Die Fragestellerin hatte ungefähr sechzig Jahre auf dem Buckel, also war ihr damit in meinen Augen nicht mehr zu helfen.

Dann hob meine Begleiterin die Hand, um eine Frage anzumelden, aber ich war trotz meiner Benommenheit schneller als sie und hatte die Hand eher oben. »Sie behaupten also, Ihre Königin könne jede Frage beantworten, ja?« erkundigte ich mich.

»So ist es«, erwiderte der Marktschreier.

»Auch wenn die Frage nichts mit Toten zu tun hat?«

»Madame Mekka hat bisher noch jede Frage beantwortet«, versicherte er.

»Na fein. Wie heißt die Hauptstadt von North Dakota?«

Madame und ihr Gefolge wirkten verblüfft, bestürzt und verwirrt. Wie konnte man eine solche Frage an jemanden richten, der gerade aus einer anderen Welt zurückgekehrt war! Sie saß stocksteif da, dann wandte sie sich an ihren Prinzen. Er begegnete derartigen Schwierigkeiten offenbar nicht zum ersten Mal. Die Welt wimmelte von Skeptikern, aber er hatte eine Patentlösung. Er winkte die beiden Handlanger zu sich, die bisher Weihrauch gefächelt hatten, beugte sich vor und flüsterte einige kurze Anweisungen. Ich weiß nicht, was er sagte, aber den beiden schien es mächtig zu gefallen. Einen Augenblick später hatten sie mich rechts und links untergehakt und drängelten mich rasch auf die Tür zu. Ich brüllte auf dem ganzen Weg nach meinen fünf Dollar und nach der Polizei (in dieser Reihenfolge), aber die Polizei mußte an jenem Abend offenbar gerade ein, zwei Banken überfallen. Mir half jedenfalls keiner. Die beiden Kerle rissen die Eisentür auf, schubsten mich ins Freie und knallten die Tür wieder zu.

Ich ließ mich auf der Steintreppe nieder und atmete dankbar die vergleichsweise frische Luft der South Side von Chicago. Eine Stunde später tauchte auch meine Begleiterin auf. Ihre Augen glänzten vor Glück, und sie verkündete in triumphierendem, hysterisch hellem Sopran, sie habe durch das Medium mit ihrem verstorbenen Onkel gesprochen. »Er hat gesagt, es geht ihm blendend!« schwärmte sie.

»Verständlich«, sagte ich. »Immerhin ist seine Frau noch hier oben!«

IV. Teil
Es passierte acht anderen Burschen

1.
Narben ohne Wunden

Der Staat hat von jeher ein gespanntes Verhältnis zur Theaterbranche. Schauspieler besitzen nichts als ihre Begabung und ihre Ausstrahlung, und wenn diese sich abnutzen, geraten sie schnell in Vergessenheit. Dies gilt auch für Preisboxer, Baseballer und alle anderen Athleten.

Werden Krämer oder Metzger krank, stellen sie Vertreter ein. Werden Schauspieler krank, verlieren sie augenblicklich ihr Einkommen.

Also seien Sie nicht blöd. Gehen Sie nicht ins Showgeschäft. Kaufen Sie sich eine Ölquelle oder ein paar hundert Hektar Waldland. Kaufen Sie nur Dinge, die vom Staat subventioniert werden oder die Sie wenigstens abschreiben dürfen.

Die Theatergewerkschaften haben jahrelang versucht, die Regierung zur Anerkennung einer Abnutzungsabschreibung auf geschundene sterbliche Schauspielerhüllen zu bewegen, konnten aber offenbar nicht genug Druck ausüben, um die Politiker in Washington auch nur geringfügig zu beeindrucken.

In Kriegszeiten steht keine andere Gruppe so schnell Gewehr bei Fuß und bietet ihre Dienste an. Automobil- und Flugzeughersteller und all die anderen Industriezweige werden durch die Kriegsgewinne reich und fett; ein Schauspieler kriegt seine Auslagen erstattet, also lumpige zehn oder elf Dollar pro Tag, und eine Medaille, wenn der Krieg vorbei ist.

So. Damit wäre das gesagt, also ran an die Einzelheiten.

Eine junge Schauspielerin lehnte eine Reihe lukrativer Verträge ab, weil sie Patriotin war und ihren Beitrag zu den Kriegsanstrengungen leisten wollte. Wie die meisten schönen Frauen war sie – vorsichtig formuliert – Flirts nicht abgeneigt. Ihr Mann, ein großer, ausgemergelter Autor, dem langsam die Haare ausgingen, war furchtbar eifersüchtig, sowohl auf ihre Schönheit als auch auf ihre Millionen Verehrer.

Eines Tages kam sie nach Hause und erzählte ihm, sie fühle sich berufen, auf Tournee durch die Armeelager zu gehen. Sie fügte hinzu, sie werde vermutlich mindestens zwei Monate unterwegs sein. Diese frohe Kunde traf ihren Mann wie ein Keulenschlag. Als sie seinen erschütterten Gesichtsausdruck bemerkte, bemühte sie sich um Schadensbegrenzung. »Keine Sorge, Schatz«, sagte sie beruhigend, »ich werde zwar fürchterlich beschäftigt sein, aber ich verspreche, daß ich dir jeden Tag – oder jeden zweiten – eine Postkarte schreibe.«

»Eine Postkarte!« dachte er. Das war nun wahrhaftig kein Ersatz für eine der begehrenswertesten Frauen der ganzen Welt! Falls Sie je eine Postkarte gekriegt haben, wissen Sie, daß die Dinger geschlechtslos, klein, eckig und platt sind. Die Frau des Autors hingegen war groß, sinnlich, außergewöhnlich schön und faszinierend. Er starrte sie liebes- und wutentbrannt an.

»Glaubst du etwa, daß es mir genügt, allabendlich vor dem Einschlafen irgendeine blöde Postkarte aus einem Armeelager anzukucken?« brüllte er. »Wenn ich mit Postkarten ins Bett gehen wollte, hätte ich eine geheiratet!«

Obwohl das absolut keinen Sinn ergab, wurde seine Frau nicht wütend. Ihr war klar, daß sein Verstand infolge ihrer Mitteilung vorübergehend flöten gegangen war. Als typische Frau war sie natürlich entzückt, daß er sie so sehr liebte und so leidenschaftlich begehrte.

Er hingegen war überzeugt, daß sie, wenn sie mit fünfzehn oder sechzehn anderen Schauspielern auf Tournee ginge und allabendlich vor Horden gutaussehender, ausgehungerter Offiziere aufträte, höchstwahrscheinlich mit einem Kind unter dem Herzen nach Hause zurückkäme oder, schlimmer noch, gar nicht. Nicht, daß sie ihn nicht geliebt hätte, keineswegs, aber sie liebte alle Männer, und die unwiderstehliche Anziehungskraft beruhte auf Gegenseitigkeit.

Ihr Mann versuchte tagelang, ihr die abenteuerliche Idee auszureden, biß jedoch auf Granit – seine Frau war nämlich nicht nur Patriotin, sondern auch und vor allem Nymphomanin. Sein weinerliches Betteln und Flehen ließ sie daher völlig kalt.

Nicht genug damit, daß er sie wie besessen liebte, nein, wie die meisten Gatten hinreißender Käfer traute er ihr kein bißchen weiter, als ein Zwerg ein Klavier werfen kann. Alles Bitten nützte nichts. Sie erwiderte bloß: »Ich liebe mein Land und werde alles tun, um diese armen Kerle aufzurichten, die Tag und Nacht ihr Bestes geben!«

Als ihr Mann dies hörte, bekam er es erst richtig mit der Angst zu tun, entschloß sich jedoch, da er mit seinem Gerede nicht weiterkam, zu einem neuen Ansatz. »Liebes«, sagte er sanft, »wirst du auf dieser Tournee singen und tanzen?«

»Nein, Schatz«, sagte sie. »Erinnerst du dich an das Kriminalstück, das wir vor ein paar Jahren am Broadway gesehen haben? Es hieß *Mr. und Mrs. North,* und in der wichtigsten Szene – im zweiten Akt – macht irgend jemand den Schrank auf, und eine Leiche fällt raus, stocksteif, mit dem Gesicht auf die Bühne. Genau dieses Stück führen wir auf. Unsere Jungs werden begeistert sein.«

Als sie ihm die Handlung des Stückes erläuterte, flatterte ein aberwitziger Gedanke durch sein verschlagenes Hirn. »Sag mal, diese Leiche, Schatz … der Schauspieler fällt also aus dem Schrank und schlägt hin, aber … macht er sonst noch was in dem Stück?«

»Nicht viel«, sagte sie. »Er hat ein paar Zeilen Text im ersten Akt, aber spielen kann die Rolle jeder.«

»Toll«, strahlte er. »Paß auf, Schätzchen, ich bin Autor, und schreiben kann man überall. Ob ich nun hier im Studio hocke oder in irgendeinem Army- oder Navy-Lager, ist völlig egal. Und das hat mich auf eine wunderbare Idee gebracht: Ich spiele die Leiche, dann können wir zwei die ganze Zeit zusammenbleiben. Tag und Nacht!«

Als sie das hörte, wurde ihr klar, daß sie sich einen monströsen Fauxpas geleistet hatte. Hätte sie doch bloß ihre hübsche Klappe gehalten!

»Ich finde«, schnurrte er, »daß man sich nicht trennen sollte, wenn man so sehr ineinander verliebt ist wie wir beide. Schon der Volksmund sagt schließlich ›Trennung macht Sehnsucht … nach jemand anderem‹.« Er lachte herzlich, aber allein.

Sie saß in der Klemme. So verschlagen sie war, fand sie doch keinen Ausweg aus dem feinen Netz, das er geschickt um sie gesponnen hatte. Ich will der jungen Dame nicht Unrecht tun und etwa andeuten, sie hätte sich lediglich zur Truppenbetreuung gemeldet, um ihrem Mann zu entkommen, aber da sie nun schon dieses Opfer für die an der

Land- oder Wasserfront kämpfenden Männer brachte, sah sie absolut nicht ein, weshalb nicht auch sie selbst ein bißchen außerplanmäßigen Spaß haben sollte.

Einige Tage darauf begannen die Proben. Als sie das Stück zum ersten Mal durchspielten, fiel der Gatte mit wahrhaft Barrymoreschem Glanz aus dem Kleiderschrank. Keine Leiche, ob tot oder lebendig, hätte realistischer auf die Bretter krachen können. Der Regisseur war entzückt und randvoll des Lobes. Er schlug seinem Jungdarsteller sogar vor, er solle das Schreiben aufgeben und Schauspieler werden.

Da der Autor indes nicht daran gewöhnt war, aus Schränken zu fallen, nahm ihn die Rolle gehörig mit. Am dritten Tag der Proben trieb er den Regisseur in die Ecke und sagte: »Hör mal, alter Junge, da wir dieses Stück noch zwei Wochen proben wollen, sollten wir vielleicht eine Matratze vor den Schrank legen, meinst du nicht? Ich bin nicht darauf versessen, mir für nichts und wieder nichts Beulen zu holen.«

»In Ordnung«, sagte der Regisseur. »Aber nur bei den Proben. Sobald wir vor Publikum spielen, muß das Ganze so realistisch wie möglich sein.«

Die Premiere fand vierzehn Tage später auf einem Marinestützpunkt in Oakland, Kalifornien, statt. Alles ging glatt, und als der Kleiderschrank geöffnet wurde und die Leiche herausfiel, kreischte das Publikum vor Entsetzen. Die erste Vorstellung wurde ein Riesenerfolg. Alles war begeistert von den Schauspielern und der gesamten Aufführung.

Vor lauter Glück, mit seiner Geliebten zusammensein zu dürfen, merkte der gute Gatte kaum etwas von seinen Rückenschmerzen, als er am Abend zu Bett ging. Als die

Schranktür am nächsten Abend aufschwang, ging er bildschön zu Boden. Wieder kreischten die Zuschauer entsetzt, als ihnen die Leiche entgegenfiel. Nach der Vorstellung stellte der Gefallene fest, daß er eine dicke Beule an der Stirn und heftige Schmerzen im Rücken hatte. Am dritten Abend machte sein Knie schlapp. Nach der vierten Vorstellung mußte er ins Stützpunktlazarett transportiert werden.

Nach der Untersuchung teilte ihm der Marinearzt mit, er habe sich einen Wirbel ausgerenkt und brauche sofort einen Streckverband. Er fügte hinzu, der Krankenhausaufenthalt werde höchstens ein paar Monate dauern.

Gatte und Gattin sind inzwischen wieder vereint. Er humpelt leicht und geht am Stock und erzählt allen, er habe sich die Verletzung beim Kriegsdienst zugezogen. Das stimmt nicht. In Wirklichkeit verdankt er sie dem Liebesdienst.

2.
Eine gute Partie mit drei Damen

Inzwischen ist er in den sogenannten besten Jahren, war aber früher, zwischen zwanzig und dreißig, ein echter Hans Dampf in allen Betten. Er schätzte Frauen, aber seine Liebe gehörte dem Pokern. Mit zunehmendem Alter heirateten die meisten seiner Freunde und sahen sich nach anderen unterhaltenden Ablenkungen um, und wenn Sie je verheiratet waren, wissen Sie, daß die Freiheit auszieht, sobald die Liebe einzieht.

Für die Ehe war Alex nicht geschaffen. Er sagte oft, er habe nie ein Mädchen kennengelernt, das ihm so viel Freude bereitet habe wie ein gutes Pokerblatt. Es fiel ihm allerdings zunehmend schwerer, genügend Spieler für einen dieser herrlichen Abende aufzutreiben, an denen sie sich gemeinsam in kleinen, behaglichen, nach Zigarren, Zigaretten, Pfeifentabak, Bier und Schnaps stinkenden Zimmern verbarrikadierten. Trotz des widerwärtigen Geruchs scheinen solche unbeweibten Zimmer den Mann im Durchschnittsmann zu wecken. Vermutlich, weil Mann nur noch in diesen Zimmern vor dem Gesabbel der Durchschnittsfrauen sicher ist.

Bei keiner seiner Gespielinnen hatte Alex solche Wonnen und wohligen Schauder gespürt wie beim Berühren eines Kartenspiels. Er war ein charmanter Spieler. Er verlor, wie er gewann – mit einem Lächeln. Natürlich zog er das Gewinnen dem Verlieren vor, aber die Hauptsache war es nicht. Sein Herz hing an seinen pokernden Kumpanen und dem Spiel selbst.

An einem verregneten Dezemberabend saß Alex, der seit Wochen nicht gepokert hatte, allein neben seinem Telefon und rief nacheinander all seine ledigen Freunde an. Er hatte sich einen ungünstigen Abend ausgesucht. Die meisten waren verabredet. Verzweifelt rief er seine übrigen Freunde an, aber die waren alle verheiratet. Er hatte eine der Frauen am Apparat. »Alex«, sagte sie, »Joe würde wirklich wahnsinnig gern kommen, aber wir haben Mutter versprochen, daß wir heute abend vorbeischauen. Wir spielen mit Streichhölzern Mah Jong. Nicht um Geld. Mutter ist nämlich Siebenten-Tags-Adventistin, und die dürfen nicht spielen, außer um nichts.«

Das war schon deprimierend genug, aber es sollte noch dicker kommen. Der nächste Gatte mußte babysitten, während seine Frau an einem Bridge-Turnier teilnahm. Die Frau eines dritten erklärte: »Fred würde wirklich gern zu dir rauskommen und spielen, aber, Alex, ob du's glaubst oder nicht, er steht gerade jetzt in der Küche und trocknet das Geschirr ab. Das hab ich noch niemandem erzählt«, gluckste sie, »und wenn er wüßte, daß ich's *dir* erzähle, würde er mich umbringen, aber als er um meine Hand angehalten hat, hat er mir versprochen, daß er mir, wenn ich ihn heirate, immer beim Abwaschen hilft. Also, *wichtig* ist das natürlich nicht, ich meine, daß er mir beim Abwaschen hilft, aber ich schätze mal, daß das seine Art ist, mir zu zeigen, wie sehr er mich liebt.«

Alex wußte nicht genau, ob er das Gespräch ab- oder einfach brechen sollte. Schließlich entschied er sich für beides. Jetzt steckte er richtig in der Klemme. Er pokerte nur sehr ungern mit Frauen, aber in der Not spielt der Teufel mit Fliegen, also griff er zum Telefon und rief eine Freundin an, die mehr Mädchen kannte, als Sie und ich zusammen mit Knüppeln in die Flucht schlagen könnten. Normalerweise machte man auch etwas anderes mit diesen Mädchen, aber lassen wir das.

Dieser Freundin gehörte das luxuriöseste Bordell von Hollywood, und in dem war Alex seit Jahren Stammkunde.

»Hallo, Eden, hier ist Alex. Wie geht's, wie steht's?«

»Ach, Alex«, sagte sie. »Das Geschäft läuft nicht. Der Regen und die Steuern vermasseln uns wirklich alles.«

»Na prima, das kommt mir entgegen. Könntest du mir drei Mädchen rüberschicken? Jetzt gleich? Es ist dringend.«

»Drei Mädchen!« lachte die Madame. »Sag mal, Alex, hast du eins von diesen neuen Hormonen ausprobiert?«

»Mach keine Witze, Eden. Schick sie einfach rüber, sonst gehe ich zur Konkurrenz.«

Eine halbe Stunde später tauchten die drei arbeitswilligen Bienen auf. Sie müssen wohl ziemlich überrascht gewesen sein, Alex allein vorzufinden. Eines der Mädchen sah sich um und fragte: »Wo sind die beiden anderen Kerle?«

»Es gibt keine anderen«, sagte Alex mit geheimnisvoller Miene, »außer meiner Wenigkeit ist niemand hier.«

»Is mir zu hoch«, sagte eines der anderen Mädchen. »Wo is der Haken?«

»Es gibt keinen«, lächelte Alex.

»Ach, was willstn mit uns drei machen, wozu dir nich auch eine oder zwei reichen würden?« Sie musterte ihn kurz. »Eine würd doch wohl reichen.«

»Ich will überhaupt nichts mit euch machen. Mit keiner von euch. Setzt euch einfach an den Tisch da drüben, zieht die Schuhe aus und entspannt euch.«

»Bloß die Schuhe? Mann! Wasn das für ne Party?!«

Eines der anderen Mädchen machte den Mund auf: »Was ist denn, Alex, sehen wir so schlecht aus?«

»Absolut nicht, Mädels«, beruhigte er sie, »ihr seht einfach toll aus. Ich nehme an, ihr wißt, wie man Poker spielt?«

Ziemlich verdattert sagte das erste Mädchen: »Äh, klar, das spielen wir oft, wenn der Laden nicht läuft.«

Alex holte zwei Flaschen Schnaps, zwei frische Kartenspiele und mehrere Schachteln Zigaretten. Anschließend wurde fünf Stunden lang gepokert. Alex spielte absichtlich falsch. Er wollte die Mädchen gewinnen lassen, und sie gewannen. Zusätzlich zahlte er ihnen den üblichen Preis für eine Liebesnacht.

Um drei Uhr früh ließ er die Karten sinken, lehnte sich zurück und sagte: »Das war's, Mädels. Ich bin müde, ich hau mich in die Falle.«

Frauen sind sonderbare Wesen. In finanzieller Hinsicht war der Abend ein voller Erfolg für die Mädchen gewesen, aber trotzdem waren alle drei irgendwie beleidigt, weil Alex nicht mehr von ihnen gewollt hatte als eine Pokerpartie.

Alex ist inzwischen dreiundfünfzig. Er ist verheiratet und hat zwei erwachsene Kinder. Wann immer er die beiden überreden kann, abends zu Hause zu bleiben, spielt die ganze Familie Poker. Kein Cent wechselt den Besitzer. Die Luft im Zimmer ist genauso sauber wie die Witze. Es macht Spaß, aber es macht nicht mehr so viel Spaß wie früher. Aber was macht schon so viel Spaß wie früher, wenn man dreiundfünfzig ist?

3.
Chicos Sicherheiten

Chico war der Spieler unter den Marx Brothers. Geld interessierte ihn nicht, oder besser, Geld interessierte ihn nur als Mittel zum Spiel, und ohne Spiele wäre ihm das Leben vorgekommen wie eine Schale schaler Sägespäne.

Er war ein begnadeter Kartenspieler. Vielleicht einer der besten aller Zeiten. Verglichen mit den Leistungen von Beethoven, Salk oder Einstein relativiert sich diese Auszeichnung zugegebenermaßen von selbst, aber andererseits ist »des einen Freud, usw.«

Chico setzte fünfzehn Jahre lang gegen die Yankees. Nicht im Bürgerkrieg, sondern in der Baseballiga. Er sagte einmal: »Es ist sinnlos, auf die Yankees zu setzen. Die gewinnen doch fast immer. Und ich liebe das Risiko!«

Und so war Chicos Finanzlage am Ende der Saison immer annähernd die gleiche wie am Anfang der Saison, nur etwas schlechter. Seine Lebensgeister erwachten beim Kartenspiel, am Roulettetisch und angesichts galoppierender Gäule, und wenn gar nichts Aufregendes in Sicht war, schnippte er Pennies, um ein paar Dollar zu gewinnen. Wenn er richtig verzweifelt war, schnippte er sogar Dollars, um ein paar Pennies zu gewinnen. Irgendwann fragte ihn jemand, wieviel Geld er im Laufe der Jahre verloren habe. Er sagte: »Finden Sie heraus, wieviel Harpo hat. So viel habe ich verloren!«

Dieser ständige, harte Kampf um leichtverdientes Geld zwang ihn, auch außerhalb der normalen Spielzeiten zu arbeiten. Während wir anderen in Saus und Braus lebten, lebte Chico von der Hand in den Mund. Er mußte weiterschuften, um sich die Gläubiger vom Hals zu halten, und das war beileibe nicht nur spannend, sondern auch ausgesprochen mühsam.

Hochverschuldet entschloß er sich eines warmen Sommerabends zu einer Nachtclubtournee durch mehrere große Städte im Süden. Ich werde weder den Namen der ersten Stadt noch den ihres Bürgermeisters verraten. Es könnte immerhin sein, daß der Mann noch im Amt ist. Er war als kleiner Junge aus Italien nach Amerika eingewandert und hatte es mit harter Arbeit und einigen Betrügereien geschafft, vor seinem vierzigsten Geburtstag zum Oberhaupt einer der lebendigsten Städte des Südens aufzusteigen. Obwohl sein jährliches Gehalt nur 15 000 Dollar betrug, war er sagenhaft wohlhabend. Von dem Taschengeld, das die Stadt ihm zahlte, konnte man kaum seinen Lebensunterhalt und die Steuern bezahlen, geschweige denn reich werden, aber der Bürgermeister hatte ein glückliches Händchen für richtige Investitionen am richtigen Ort.

Auf der Bühne stellte Chico immer einen italienischen Einwanderer dar und machte seine Sache so gut und authentisch, daß die meisten Leute gar nicht fassen konnten, daß er mein Bruder sein sollte. Allzu oft mußte ich mir folgende Frage anhören: »Wie kann Chico Ihr Bruder sein, wenn er Italiener ist und Sie Jude sind?« Am Ende hatte ich es satt, diesen rätselhaften Sachverhalt aufzuklären, und sagte allen Fragern, wenn sie damit Probleme hätten, sollten sie die mit meinen Eltern besprechen.

Soweit ich wisse, sei Chico mein Bruder und lediglich in die Haut eines italienischen Einwanderers geschlüpft, weil diese Rolle seiner komischen Begabung besonders entspreche. Fand jemand auch diese Erklärung unzureichend, verwies ich ihn an die Einwanderungsbehörde und fügte hinzu, falls er auch dort keine zufriedenstellende Antwort erhalte, solle er sich ans Landwirtschaftsministerium wenden.

Der Bürgermeister war kein Amtsstuben-, sondern eher ein Barhocker. Er genoß das Leben – insbesondere das Nachtleben – in vollen Zügen, und da die pulsierende Metropole sein Wohnort war, standen ihm natürlich alle Türen und Möglichkeiten offen.

Als Chico am ersten Abend in jenem Nachtclub auftrat, hatte der Bürgermeister sich an einem der vorderen Tische breitgemacht. Er war begeistert von Chicos Klavierspiel, aber noch begeisterter war er von Chicos Sprechweise. Die erinnerte ihn an seine Heimat Neapel. Fast konnte er wieder Mandolinenklänge aus Barbierläden dringen hören und die Knoblauchzöpfe riechen, die der sanft durch die Gassen wehenden Brise einen Hauch Würze verliehen. Er war stolz auf Chico; er war stolz auf sich selbst; und er war stolz auf all das Geld, das er den Bürgern seiner Stadt hatte klauen können. Er war stolz, daß Chico, ein berühmter Komiker, Italiener war, ein liebenswerter Landsmann, derselben Scholle entsprossen wie er selbst.

Unmittelbar nach dem Ende der Vorstellung eilte der Bürgermeister hinter die Bühne, schloß Chico in die Arme und küßte ihn auf beide Wangen. Zwei Wochen lang kam er allabendlich wieder und hörte Chico zu. Die beiden freundeten sich an. Der Bürgermeister liebte Chico, und Chico mochte den Bürgermeister. Sie verbrachten den ganzen Tag zusammen. Am späten Abend, nach den Vorstellungen, zogen sie gemeinsam durch die Stadt. Aber Chico verschwieg dem Bürgermeister, daß er in New York geboren war, genauer, in Yorkville, einem Viertel, das nicht nur nicht italienisch war, sondern praktisch hundertprozentig deutsch.

Nach Chicos Abschiedsvorstellung kam der Bürgermeister wie üblich in die Garderobe. Zu seinem Entsetzen sah er Chico packen.

»Chico!« jammerte er. »Was iste Problàm? Wahrrum du packst deine Sachäh? Dir nicht gäfallä hierr? Wahrrum du willste forte?«

Chico erklärte ihm, er müsse am nächsten Abend in Birmingham, Alabama, auftreten.

»Bah, Birrmingham iste drräckige Stadt«, behauptete der Bürgermeister. »Wahrrum du nicht bleibst hierr, eh? Isse beste Stadt von gahnze Süd!«

»Hör mal«, sagte Chico, »ich hab dich wirklich gern, und die Stadt mag ich auch, aber ich kann nicht bleiben. Ich bin im Showbusineß. Davon lebe ich. Und morgen abend fange ich in Birmingham an.«

Der Bürgermeister schloß Chico in die Arme. »Chico«, flehte er, »du biste-Italiener, iech bin-e-Italiener. Iech habe keine Kiendärr. Nicht einä Bambino.« (Er vergaß zu erwähnen, daß er nie verheiratet gewesen war.) Vor lauter Kummer fiel er in seine Muttersprache zurück und ersäufte Chico förmlich in italienischer Theatralik. Chico stand einfach da und hoffte, dem Bürgermeister werde irgendwann ein Wort herausrutschen, mit dem er etwas anfangen konnte. Er hätte um ein Haar die Beherrschung verloren und auf deutsch geantwortet.

»Chico, meine Juhnge«, fuhr der Bürgermeister fort – zum Glück wieder auf Englisch, »du bleibste hierr. Du hängste Shohbisiness an die Nagäl. Du bleibste einfach hierr bei mierr, und iech kümmere mich um dich.«

»Wie?«

Der Bürgermeister zwickte Chico in die Wange. »Höhrr zu«, flüsterte er verschwörerisch, »mier gehöre zwanzig Frreudehäusee in diese Stadte hierr. Sind alle gute Häusee. Und weißt du, wassiche mache, wenn du bleibste hierr bei mierr? Ich schänkä dir fünfe von diese Häusee, dierr allein. Dann du muß nie wiedeer arbeite, auch wann du wirste hunderte Jahrre alt!«

Chico erzählte mir später, er habe das Angebot durchaus verlockend gefunden und beinahe gesagt: »Einigen wir uns auf acht Häuser, dann bleibe ich.« Der Ruf der Bühne jedoch, so fuhr Chico fort, sei noch verlockender gewesen als der Ruf des Bürgermeisters und all seiner Frauenzimmer. Und so tingelte er weiter landauf, landab, immer dorthin, wo die Musik spielte – in dem beruhigenden Wissen, daß im Falle eines Falles kleine, feine Plantagenhäuser im Süden auf ihn warteten, in deren Fenstern immer ein rotes Licht für ihn brennen würde.

4.
Ein heißer Abend in der kalten Stadt

Larry Blank war Amerikaner, Komiker und hochbegabt, schaffte es aber trotzdem nie, im eigenen Lande anerkannt zu werden. Als heller Kopf packte er daher seine Siebensachen, sah sich nach saftigeren Weidegründen um und entdeckte schließlich ein besonders saftiges Feld namens London. Aus irgendwelchen Gründen hielten die Briten ihn für den begnadetsten Komiker seit Heinrich VIII., und Blank wurde praktisch über Nacht zum Star.

Obwohl er für seine Späßchen sehr gut bezahlt wurde, war seine größte Einnahmequelle das Glücksspiel. Es gab kaum ein Kartenspiel, das er nicht perfekt beherrschte, und er sah selten Anlaß, sich zu beherrschen. Am liebsten spielte er Poker oder Auktionsbinokel und hatte, um sein Geld keinesfalls in die falschen Hände (also die seiner Gegner) geraten zu lassen, eine sehr einfache Methode entwickelt. Er zinkte die Karten. Und zwar so kunstvoll, daß die Kerben und Zacken auf den Kartenrückseiten nur entdecken konnte, wer der Pokerrunde zufällig mit einem überdimensionalen Vergrößerungsglas beiwohnte. Zu Blanks Glück reisten die wenigsten Spieler mit solchem Gepäck.

Dank seiner Einkünfte aus Auftritten und Glücksspielen war er der vermutlich reichste Schauspieler in ganz England. Zudem war er ein elender Geizkragen und bewohnte eine ziemlich schäbige Bude in Soho.

Wir traten damals in London auf, und Chico und Harpo, die beide recht gut mit Karten umgehen konnten (genauer gesagt: die zu den besten Kartenspieler der Vereinigten Staaten gehörten), fingen an, mit Mr. Blank zu pokern.

Mr. Blanks schlechter Ruf als Kartenkünstler war ihm vorausgeeilt. Niemand behauptete, er spiele falsch, aber andererseits behauptete auch niemand das Gegenteil. Sein winziger Freundeskreis, den er Mann für Mann um größere Summen geprellt hatte, war übereinstimmend der Meinung, nicht nur im Staate Dänemark sei etwas faul, sondern auch in Soho gehe es ziemlich abgekartet zu.

Erst als Harpo und Chico innerhalb einer Woche zwei Wochengagen verloren hatten, kamen sie zu dem Schluß, daß Mr. Blanks Erfolge am Pokertisch nicht ausschließlich auf Glück zurückzuführen sein konnten. Dazu gewann er zu regelmäßig und auf allzu merkwürdige Weise. Chico und Harpo begriffen, daß sie geleimt worden waren, und beschlossen, da sie lieber als Passagiere erster Klasse als blind im Laderaum in die Heimat zurücksegeln wollten, nun ihrerseits die Schröpfkelle auszupacken. Als sie am nächsten Tag mit dem Kartenjongleur zusammenhockten, bemerkte einer der beiden beiläufig: »Beim Pokern hast du einfach zu viel Glück. Laß uns nächstes Mal Auktionsbinokel spielen.«

Mr. Blank war es egal. Gezinkte Karten waren gezinkte Karten. Solange er am längeren Hebel saß, war er für jeden Spielvorschlag von Doppelkopf bis Bauernskat zu haben.

Das Reizen geht beim Auktionsbinokel so ähnlich vor sich wie beim Bridge, also konnten die Jungs problemlos absprechen, mit Hilfe welcher Fingerzeige sie einander signalisieren wollten, welche Karten sie in der Hand hielten und was der jeweils andere ausspielen müsse. Als sie sich am folgenden Abend am Spieltisch niederließen, zog Mr. Blank zwei Kartenspiele heraus und sagte: »Auf geht's.«

Chico sagte: »Ach, entschuldige, Larry, aber wir haben ein paar nagelneue, versiegelte Spiele mitgebracht – das ist dir doch hoffentlich recht? Ich habe mir nämlich im Orient eine Allergie zugezogen und muß immer niesen, wenn ich alte Karten rieche.«

Mr. Blank erkannte den Strich durch seine Rechnung, war jedoch überzeugt, die beiden Trottel dank seines angeborenen Kartengefühls selbst mit einem ungezinkten Blatt ausnehmen zu können. »Aber sicher«, sagte er munter. »Tut mir leid, das mit deiner Allergie. Ich bin selbst mal in Hongkong aufgetreten. Widerliche Stadt.« Nach diesem kurzen Reisebericht sagte er: »Also: Dann wollen wir mal.«

Mr. Blanks Zimmer war urungemütlich. Es enthielt vier Stühle, einen Tisch und einen winzigen Kamin, an dessen Vorderkante vier Miniaturscheite schwach glommen. Wer die unbehaglichen Kaltwasserwohnungen in Soho kennt, weiß, weshalb es mit dem britischen Empire bergab gehen mußte.

Von Mitternacht bis drei Uhr morgens verlor Mr. Blank ununterbrochen, während Chico und Harpo rein zufällig ununterbrochen gewannen. Nach drei Stunden hatten sie Mr. Blank einen ansehnlichen Haufen Geld abgenommen und wollten aufbrechen. Der unerfahrene Verlierer jedoch flehte sie verzweifelt an zu bleiben und weiterzuspielen. Das, sagten die beiden, täten sie liebend gern, nur lade die Zimmertemperatur eher zum Schlittschuhlaufen als zur Fortsetzung von Gesellschaftsspielen ein.

Schließlich willigten sie ein – unter einer Bedingung: Mr. Blank würde einige zusätzliche Scheite auftreiben und verheizen müssen. Daraufhin sagte Blank: »Aber es ist drei Uhr früh. Um diese Zeit kriege ich nirgendwo Holz.«

Die Jungs waren bestens bedient und wollten sowieso los, also sagten sie: »Tut uns leid, aber in dem Fall ist das Spiel vorbei.«

»Hört mal, Jungs«, sagte Blank, »die Möbel in diesem Zimmer sind alle gebraucht. Die hab ich vor Jahren gekauft – ganz billig. Würdet ihr weiterspielen, wenn ich einen der Stühle verheize?«

Seine kleine Ansprache klang wie ein Klagelied. Chico und Harpo brach es fast die goldenen Herzen; sie waren den Tränen nah.

»Gut«, sagten sie. Sie wußten, daß sie ihn am Haken hatten und daß mit jeder weiteren Spielminute mehr von Blanks Geld den Besitzer wechseln würde.

Das Feuer brannte hell und hungrig. Der Stuhl war im Nu von den Flammen verzehrt. Im Zimmer wurde es wieder kalt. Ein zweiter Stuhl flog in die Flammen. Die Jungs gewannen immer noch; die ungewohnte, behagliche Wärme und die beträchtliche Summe, die sie Mr. Blank aus der Brieftasche zogen, machten sie wunschlos glücklich. Schließlich jedoch verabschiedete sich auch der letzte Stuhl durch den Schornstein.

Inzwischen spielten sie kniend. Hätte jemand in diesem Augenblick den Raum betreten und die Karten nicht bemerkt, wäre er vermutlich auf die Idee gekommen, es mit drei tief religiösen Mohammedanern zu tun zu haben, die sich nach Osten wandten und gen Mekka beteten.

Nachdem das Feuer ausgegangen war, sackte die Temperatur wieder auf Südpolwerte. Unser gerissener Freund war verzweifelt. Er begriff nicht, weshalb er ununterbrochen verlor. Das war ihm noch nie passiert. Hatten die beiden irgend etwas mit den Karten angestellt, was nicht einmal er hatte bemerken können? Nein, das war ausgeschlossen. Er hatte mit eigenen Augen gesehen, wie sie die frischen Kartenspiele ausgewickelt hatten. Wenn er sie doch nur bewegen könnte, noch eine Stunde zu bleiben, würde sich das Glück bestimmt wenden und all sein Geld in seine Taschen zurückfließen. Er bot ein Bild des Jammers, als er die Jungs anflehte: »Könnten wir nicht weiterspielen, bitte? Nur noch eine Stunde?«

»Würden wir wirklich gern, Larry«, sagte Harpo, »aber sieh dir mal meine Hände an. Die sind ganz blau und taub. Ich kann kaum mehr geben.«

Chico sagte: »Ich hab gestern in der Zeitung gelesen, daß die entsetzliche Eiszeit, die man seit Jahrhunderten befürchtet, doch früher kommen soll als angekündigt. Scheint so, als wär's heute nacht soweit.«

Mr. Blank bedachte sie mit einem matten Lächeln und sagte: »Haltet mich nicht für verrückt, aber … wenn ich den Tisch kleinhacke und in den Kamin stecke, würdet ihr euch dann mit mir auf den Boden setzen und auf dem Teppich weiterspielen? Der Tisch ist billig und hat sowieso nie zu den anderen Möbeln gepaßt.«

Da die anderen Möbel bereits den Weg allen Rauches gegangen waren, war diese Bemerkung eher sinnlos, aber man darf wohl vermuten, daß das Gehirn des unerwartet in der Brieftasche Getroffenen zu diesem Zeitpunkt in den Seilen hing und sein Verstand zumindest teilweise zerrüttet war.

Die Jungs waren noch immer auf der Siegerstraße, also sagten sie: »In Ordnung. Eigentlich spielen wir sogar lieber auf dem Boden.«

Klotz für Klotz ging der Tisch in Flammen auf. Als schließlich auch der letzte Rest seines brennbaren Gerippes dem Feuer geopfert worden war, kehrte die Kälte zurück wie ein armer Verwandter am Weihnachtsabend. Harpo fing an zu niesen, und Chico klapperte mit den Zähnen. Schließlich sagte Chico: »So, Larry, jetzt ist es sieben Uhr. Wir frieren, und wir haben Hunger. Wir gehen zurück ins Hotel, um uns aufzutauen und einen Happen zu essen.«

Mr. Blank war nämlich nicht nur als Gauner, sondern auch als einer der knausrigsten Gastgeber von London berüchtigt: Chico und Harpo waren sieben Stunden bei ihm gewesen und hatten außer einer Tasse Rinderbrühe und ein paar Crackern nichts zu futtern gekriegt.

Um sieben Uhr an jenem kalten, regnerischen, nebligen Morgen hatte Mr. Blank sechstausend Dollar und eine komplette Wohnungseinrichtung verloren, während die Jungs sechstausend Dollar gewonnen hatten und mit Lungenentzündungen und Unterernährung liebäugelten. Sie mußten das Spiel beenden. Für sie hieß es: Sein Geld oder ihr Leben. Es war nichts mehr da, was man in den Kamin hätte werfen können. Es war kaum mehr etwas da, was man überhaupt hätte werfen können. Mr. Blank stand mit dem Rücken zur Wand und spielte in seiner Verzweiflung mit dem Gedanken, sich selbst ins Feuer zu werfen, nahm dann aber doch Abstand von dieser Idee. Wie sollte er brennend Binokel spielen? Und so mußte sich Mr. Blank zum ersten Mal in seiner langen, gewundenen und gerissenen Laufbahn auf ganzer Linie geschlagen geben.

Zum Abschied drückten Chico und Harpo ihrem Gastgeber einen Zwanzigdollarschein in die Hand und rieten ihm, er solle sich einen Klafter Holz zulegen, falls er jemals wieder mit ihnen spielen wolle. Blank war ein Dieb, aber kein Depp. Er nahm die zwanzig und sagte: »Ich kann mir nicht vorstellen, daß wir noch mal spielen. Ich bin bedient. Oder besser: Ihr habt's mir richtig gegeben – obwohl ich ziemlich sicher bin, daß ihr zwei *nicht* richtig gegeben habt.«

Auf dem Treppenabsatz schüttelten Harpo und Chico einander schadenfroh die Hand, stolperten dann durchs dunkle, modrige Treppenhaus nach unten, enterten ein Taxi und wiesen den Fahrer an, sie auf dem schnellsten Weg ins wärmste Londoner Restaurant zu bringen. Diese Aufforderung schien den Fahrer gehörig zu irritieren. »Sapperlot!« sagte er. »Soll's nicht besser ein *gutes* Restaurant sein?«

»Gut oder nicht, ist uns egal«, sagte Harpo. »Bringen Sie uns einfach ins Warme. Sobald unser Blut wieder zirkuliert, entscheiden wir, wo wir essen.«

5.
In Ratten heimgezahlt

Es spielt keine Rolle, um welche Stadt und um welchen Schauspieler es sich handelt. Der Schauspieler spielte eine Rolle nach der anderen auf dramatischen Bühnenbrettern, war jedoch mit seinem letzten Stück durchgefallen, hatte sich daher zu einigen Vaudeville-Auftritten herabgelassen und war im selben Programm gelandet wie meine Brüder und ich. Er war groß, sah gut aus und wirkte und kleidete sich dem entsprechend, was er war: ein großer, dummer, spießiger Schmierenschauspieler.

Man hatte ihn und uns eingeladen, eines der schicksten Bordelle der Stadt zu besuchen. Wir waren zwar nicht gerade versessen auf seine Gesellschaft, behielten unsere Vorbehalte jedoch für uns.

Wie die meisten Egomanen verstand er absolut keinen Spaß. Was ihm an Humor fehlte, glich er allerdings durch gesteigerte Widerlichkeit aus. Wir hatten kaum im Foyer Platz genommen, da fing er auch schon an, die Mädchen und die Madame mit irrsinnig unkomischen Zoten zu überschütten.

Wenn die Mädchen in diesen Häusern einen Gast mochten, liebten sie ihn. Wenn sie einen nicht mochten, zog er am besten Leine, solange er noch konnte. Mancher Schädel zerbrach versehentlich unter einer Bierflasche, manche Brieftasche kam abhanden, und wer sich allzusehr daneben benahm, lernte dank freundlicher Vermittlung der Madame den Rausschmeißer kennen, der unerwünschte Gäste meisterhaft am *derrière* zu packen und ins Freie zu befördern verstand.

Wir kamen gegen halb zwölf an, sangen ein paar Lieder, tranken Bier und genossen ein paar Sandwiches. Als wir gegen eins den Heimweg antreten wollten, trat die Madame neben unseren dramatischen Freund und lud ihn auf denkbar würdevollste Weise ein, die Nacht in ihrem Hause zu verbringen. Taktvoll wie immer, fragte er sofort, was ihn das kosten werde. Zuckersüß erwiderte die Madame: »Das kostet dich keinen Cent, Süßer. Die Mädchen sind alle verrückt nach dir. Den ganzen Abend haben sie nur über dich geredet. Sie haben mich angefleht, dich heute nacht zum Bleiben zu überreden.«

Am nächsten Tag kam Shakespeare unmittelbar vor der Nachmittagsvorstellung in unsere Garderobe gewankt. Er war weißer als etliche der Laken, auf denen ich in meinem Leben geschlafen habe. Dann erzählte er uns, wie es ihm in der Nacht ergangen war.

Nachdem wir uns verabschiedet hatten, war das hübscheste der Mädchen auf ihn zugekommen. Sie sagte, die Madame habe eine Verlosung veranstaltet, und sie sei die Glückliche, die nun bis zum Morgengrauen in den Genuß seiner Gesellschaft komme. »Süßer«, flüsterte sie, »geh du schon mal rauf ins Zimmer am Ende des Flurs und zieh dich aus. Ich komme in ein paar Minuten nach, Süßer.« (»Süßer« war in jenen Etablissements das Standardkosewort.)

»Ich gehe also den Flur entlang zum letzten Zimmer«, fuhr er fort, »mache die Tür auf und gehe rein. Dann sehe ich mich um und verstehe nicht recht, wieso es in dem

Zimmer keine Möbel gibt. Das heißt, in einer der Ecken stand ein altes Feldbett, aber ansonsten war der Raum absolut kahl. Kein Teppich, keine Stühle, keine Kommode. Plötzlich höre ich, daß jemand den Schlüssel umdreht. Ich gehe zur Tür und drehe am Knauf. Abgeschlossen. ›Das muß ein Scherz sein‹, sage ich mir, ›aber gut: meinetwegen. Schließlich weiß ich, daß das Mädel verrückt nach mir ist. Hat sie ja selbst gesagt. In ein paar Minuten macht sie bestimmt die Tür auf und führt mich in ein herrliches Schlafzimmer.‹

In dem Raum war es ziemlich dunkel. Es hing bloß eine nackte Glühbirne an der Decke. ›Na schön‹, dachte ich mir, ›einfach dastehen ist witzlos, also ziehe ich mich jetzt aus, wie sie gesagt hat, und lege mich aufs Feldbett.‹ Da in dem Zimmer kein Schrank stand, faltete ich meine Sachen sorgfältig zusammen und legte sie auf den Boden. Ich starrte weiter die Tür an und rechnete jeden Augenblick damit, daß sie geöffnet würde.

Da hörte ich plötzlich ein komisches Piepsen aus einer der hinteren Ecken. Im Halbdunkel sah ich eine große Ratte aus einem Loch in der Scheuerleiste krabbeln. Ich rannte zur Tür, hämmerte dagegen und brüllte: ›Laßt mich raus! Macht die Tür auf!‹ Nichts. Keine Reaktion. Ich ging zurück und setzte mich auf die Kante des Feldbetts. Ich gebe zu, daß ich ein bißchen gezittert habe. Die Ratte piepste weiter, also nahm ich einen meiner Schuhe und warf ihn nach ihr. Leider war sie schneller als ich, und der Schuh ging ins Leere. Aber immerhin verschwand das Vieh wieder in der Wand. Ich ließ mich erleichtert zurücksinken, da begann es erneut zu piepsen. Diesmal zielte ich sorgfältiger und feuerte den anderen Schuh ab. Eine Viertelstunde später hatte ich all meine Sachen weggeworfen, aber da hatte ich es nicht mehr mit nur einer Ratte zu tun, sondern mit einem halben Dutzend Ratten, die von überall her aus den Wänden zu krabbeln schienen.«

Er schüttelte sich. »Inzwischen war ich mit den Nerven völlig am Ende. Vor Ratten hatte ich nämlich schon immer eine Heidenangst. Ich würde lieber einem Löwen gegenübertreten als einer Ratte!

Ich rannte zur Tür und fing wieder an zu schreien: ›Laßt mich raus! Laßt mich sofort hier raus, hört ihr!? Laßt mich hier raus!‹ Dann drehte ich völlig verzweifelt am Knauf, und – die Tür ging auf! Während ich mir die Lunge aus dem Leib gebrüllt hatte, war offenbar jemand zur Tür geschlichen und hatte aufgeschlossen.

Ich brüllte die Ratten an, um sie zu verscheuchen, rannte zur Rückwand des Zimmers, suchte hektisch meine Sachen und meine Schuhe zusammen, stellte mich aufs Feldbett und zog mich so rasch wie möglich wieder an. Dann raste ich zur Tür, die Treppe hinunter und nach draußen auf die Straße. Als ich, noch immer schlotternd, auf dem Gehweg stand, hörte ich Gelächter. Ich sah auf. Die Madame und ihre sechs Mädchen standen an einem geöffneten Fenster im ersten Stock und lachten sich halb tot.

Ich bin den ganzen Weg zurück ins Hotel gerannt, sofort in mein Zimmer gestürzt, hab die Tür verriegelt und fünf Schlaftabletten genommen. Irgendwann habe ich's dann sogar geschafft, einzudösen.«

Wir mochten ihn zwar nicht, aber irgendwie tat uns der arme Schmierant doch leid, als er sein makabres Erlebnis geschildert hatte. So erschüttert habe ich nur sehr selten jemanden erlebt.

Nach einigen Minuten riß er sich am Riemen, verließ unsere Garderobe und ließ den Intendanten wissen, in seiner derzeitigen Verfassung könne er unmöglich die Shakespeareschen Miniaturen zum besten geben, die er für das gemeine Volk einstudiert hatte. Später an jenem Abend fuhr er mit dem Zug zurück nach New York.

Ich weiß nicht, wie die Madame und ihre Mädchen es angestellt hatten, aber man muß den Hut vor ihrer Leistung ziehen: Es war bestimmt nicht leicht, so viele unbarmherzige Ratten in ein Haus voller barmherziger Schwestern zu locken.

6.
Vorausberechnete Liebe

Der Chef einer der großen New Yorker Werbeagenturen war ein großer, humorloser, deutschstämmiger Pennsylvanier mit der üblichen Anzahl an Frauen und Kindern und den üblichen schicken Büros in der Madison Avenue und in Hollywood.

Alle zwei Monate flog er an die Westküste und stattete seinem dortigen Büro einen Geschäftsbesuch ab. Seine Vorfreude auf diese Reisen war riesig, denn obwohl er seine Frau liebte, hielt er sich für einen Weiberhelden von echtem Schrot und Korn. Und Kalifornien war in seinen Augen der ewig fröhliche Jagdgrund.

Da er eine feste Größe in der Fernsehbranche war, fand kaum eine der wichtigen Parties ohne ihn statt; nur waren diese Parties, wie er sehr bald feststellte, nicht besonders lustig. Die meisten der anwesenden Mädchen waren entweder verheiratet oder in festen Händen.

Er hatte sich hin und wieder mit einer der Sekretärinnen aus seinem Büro verabredet, war aber leider nicht mehr neunundfünfzig und alles andere als eine Stimmungskanone. Nach einiger Zeit fanden die meisten der Mädchen gute Ausreden, um seine Einladungen nicht mehr annehmen zu müssen. Es hatte sich nämlich schnell herumgesprochen, daß er seine Begleiterinnen zwar sehr nett zum Essen ausführte, sie jedoch anschließend unweigerlich einlud, ihn in seine Hotelsuite zu begleiten.

Ein bei der Agentur beschäftigter Fernsehsprecher wußte nicht genau, ob sein Vertrag im kommenden Jahr erneuert würde; dafür wußte er aber, daß unser Freund (Mr. Fred Schultz) allmächtig war und daß man sich keine Sorgen mehr machen mußte, wenn er sprach: »Es werde verlängert.«

Aus Gründen des Persönlichkeitsschutzes wollen wir den Sprecher im folgenden Joe Cool nennen. Eines Tages rief Joe Mr. Schultz an. »Freddie, Junge«, begann er, »ich bin's, dein alter Freund Joe Cool. Mein Agent hat mir gerade erzählt, daß du bei uns eingetrudelt bist, und ich weiß ganz genau, wie einsam und verlassen man sich so weit von zu Hause vorkommt. Tja, und deshalb hab ich dir ein Mädchen besorgt!«

Mr. Schultz sagte: »Joe, ich gestehe dir jetzt etwas, was ich bisher noch niemandem gestanden habe, und bitte dich inständig, mit keinem Menschen darüber zu sprechen, vor allem nicht mit meiner Frau.« Darüber lachte er ausgiebig. Für einen knallharten Geschäftsmann war das ein prima Scherz – fand er jedenfalls.

Joe Cool dachte an die Verlängerung seines Vertrages und lachte herzlich mit. »Mensch, Fred, was hast du für komische Sprüche auf Lager! Du hättest ins Showbusiness gehen sollen; Mann-o-Mann, an dir ist wirklich ein Mordskomiker verlorengegangen!«

»Joe«, fuhr Schultz fort, »laß mich ganz offen und ehrlich sein. Von Mann zu Mann. Es stimmt, daß ich in dieser Stadt schon mit ziemlich vielen Mädchen ausgegangen bin. Aber so leid es mir tut, das zugeben zu müssen: Irgendwie klappt das ganze nicht so recht. Oder einfacher gesagt, ich komme nie zum Abschluß. Zum Essen, klar, das immer, oder ins Kino oder zu einer Voraufführung, ja, aber wenn es dann ans Eingemachte geht – du weißt schon, was ich meine –, sagen sie immer ›Nein, heute abend nicht, ich hab fürchterliche Kopfschmerzen‹ oder ›Ich muß morgen ganz früh raus‹.

Du kennst mich – ich bin kein Schwerenöter oder so was. Und ich weiß selbst am besten, daß ich gerade sechzig geworden bin und einen kleinen Bauch habe, aber dafür sind meine Zähne noch alle drin, und ich bin stark wie ein Ochse. Trotzdem reicht es höchstens für einen flüchtigen Kuß auf die Wange und ein ›Vielen Dank für den schönen Abend, Mr. Schultz‹. Die einzige, die ich noch ins Heu kriege, ist meine Frau, und das ist nach dreißig Jahren Ehe ungefähr so spannend wie die dritte Wiederholung von *Wagon Train*.«

»Freddie, alter Junge«, sagte Joe, »vergiß deine Probleme. Wenn du siehst, was ich für dich aufgetrieben habe, schlackerst du mit den Ohren!« Er konnte Mr. Schultz förmlich durch den Hörer strahlen sehen.

»Joe, du bist ein Goldstück!« dröhnte Schultz. Die Niedergeschlagenheit war spurlos aus seiner Stimme gewichen. Jetzt klang er so aufgeräumt, als habe er gerade zwei Benzedrin-Tabletten geschluckt.

»Was hältst du davon, dich mit einer zweiundzwanzigjährigen Blondine zu treffen, die die gleichen Maße hat wie – ach, wozu die lange Vorrede? Sie sieht aus wie Jayne Mansfield und ist solo. Schütte einfach drei Martinis in sie rein, dann klettert sie die Schlafzimmerwände hoch. Und glaub jetzt bloß nicht, sie sei irgendein Flittchen oder so was. Sie ist ein nettes Mädchen. Ein nettes, einsames Mädchen.«

Vor lauter Begeisterung über diese Kurzbeschreibung konnte Mr. Schultz kaum mehr zusammenhängend sprechen, geschweige denn denken. Ein Gespräch war nicht mehr möglich. »Wie heißt sie?« japste er. »Wo ist sie – und wann und wo kann ich mir ihr zusammenkommen?«

»Alles schon geritzt, Fred«, sagte Joe. (Bitte verzeihen Sie, werte Leser, mir die schier unvermeidliche Derbheit des Ausdrucks.) »Sie wird heute abend um halb acht an deine Zimmertür klopfen. Und mach dir bitte keine Sorgen wegen deines Aussehens. Sie mag gestandene Männer.«

Es war fünf Uhr. Schultz eilte in sein Hotel und rief sofort den Zimmerservice an. Er bestellte jeweils einen Liter Wodka, Gin, Bourbon, Scotch, Brandy, irischen Whiskey, verschiedene Liköre, White Rock, Ginger Ale, Seven-Up und Eis; er ging auf Nummer Sicher.

Die nach dem Eintreffen der Schnapsbatterie verbleibende Zeit nutzte er, um seine Frau in Pennsylvania anzurufen und ihr zu sagen, wie sehr er sie vermißte. »Liebling, ich kann dir gar nicht sagen, wie traurig ich bin, daß du nicht bei mir bist«, log er. Zu Hause redete er nicht immer so mit ihr. Manchmal redete er überhaupt nicht mit ihr. Aber jetzt zwackte ihn das schlechte Gewissen, und seine Frau war so glücklich über seinen Anruf, daß sie jedem der Kinder eine Extraportion Philadelphia-Hackbraten gönnte.

Um halb acht ertönte ein zartes Klopfen an der Zimmertür. Schultz empfing das eintretende Mädchen mit einer tiefen Verbeugung. So tief, daß er sich in der Kreuzbeingegend ernstlich verrenkte. Trotzdem richtete er sich wieder auf und begrüßte sie herzlich. Er war so dankbar, daß endlich eine richtige Klassefrau den Weg in sein Zimmer gefunden hatte, daß er ihr sogar die Hand küßte. Er kam sich allmählich vor wie Charles Boyer.

Während sie tranken, beäugte er ihre üppigen, hervorstechenden Merkmale so scharf wie eine Kobra das Kaninchen oder ein kleiner Junge die Auslagen hinter der Scheibe eines Süßwarenladens. Er bestellte ein Abendessen für zwei Personen. Nachdem das Mahl verspeist, das Geschirr abgeräumt und der Kellner verschwunden war, plauderten die beiden minutenlang wirr und sinnlos aneinander vorbei, bis er schließlich, mit sorgsam gewählten Worten, zaghaft anregte, sie sollten sich jetzt vielleicht in die Falle begeben.

Keine Minute später stand sie in ihrem Geburtstagskostüm vor ihm. Daraus darf man schließen, daß sie schon beim Eintreffen eher leicht bekleidet gewesen war; trotzdem meinte Mr. Schultz später, mit ihrer unglaublichen Ausziehgeschwindigkeit hätte sie – wäre sie ein Mann gewesen – bei jeder Feuerwehrbrigade die Leiter bedienen dürfen.

Da mir Obszönitäten und Unanständigkeiten zuwider sind, erspare ich Ihnen die schmutzigen Einzelheiten. Es genügt wohl, wenn ich sage (wie mein Anwalt sich auszudrücken pflegt), daß dieses sanfte, sittsame kleine Mädchen ihm im Verlauf einer herrlichen Nacht einige Kunststückchen zeigte, die er nie im Leben für möglich gehalten hätte.

Nach dem Frühstück sagte er ihr, er müsse jetzt ins Büro, hoffe aber, sie bald wiederzusehen. Unmittelbar vor dem Abschied brachte er zögernd das Thema Geld zur Sprache.

»Mr. Schultz!« protestierte sie. »Ich lasse mich nicht dafür bezahlen, daß ich die Nacht mit Ihnen verbracht habe! So eine bin ich nicht. Ich hatte schon vor unserem Treffen viel von Ihnen gehört und wußte, daß Sie mir gefallen würden. Ich war schon immer völlig verrückt nach Geschäftsleuten.«

Entzückt über dieses Kompliment, küßte er sie leidenschaftlich, obwohl er von der nächtlichen Galavorstellung restlos erschöpft war. Er hatte seinen Stolz.

Unmittelbar nach dem Eintreffen im Büro berichtete er dem Geschäftsführer und dessen versammelten Stellvertretern von seinem nächtlichen Erlebnis. Er konnte es sich nicht verkneifen, mächtig auf den Putz zu hauen. »Also ehrlich«, sagte er, »in den letzten Jahren habe ich manchmal gezweifelt, ob diese jungen, bildschönen Dinger mich noch anziehend finden, aber seit gestern nacht weiß ich ganz genau, daß ich noch immer ein ganzer Kerl bin.«

Etwas anderes wußte er allerdings nicht, nämlich, daß das unschuldige, reizende Geschöpf eine stadtbekannte Prostituierte war, der Joe Cool für die Liebesnacht mit Mr. Schultz hundert Dollar bar auf die Hand gezahlt hatte.

Der Rest der Geschichte ist schnell erzählt. Wann immer Mr. Schultz in der Folgezeit nach Hollywood kam, hielt Joe Cool ein neues Mädchen für ihn bereit. Dieser Service wird ihn im Laufe der Jahre vermutlich mehrere tausend Dollar gekostet haben, aber obwohl er diese Bewirtungskosten nicht von der Steuer absetzen konnte, waren sie alles andere als unwirksam – Joes Vertrag jedenfalls wurde Jahr für Jahr erneuert.

Es war ein wunderbares Arrangement für alle Beteiligten – sogar für Mrs. Schultz in Philadelphia. Auch sie war glücklich, denn nichts bereitete ihr größere Freude, als die Kinder mit ihrem herrlichen Hackbraten zu verwöhnen.

7.
La leçon française

In unserer Stadt gibt es einen Produzenten, der pro Woche durchschnittlich siebentausend Dollar verdient, und sofern Sie irgendwas von Zahlen verstehen, wissen Sie, daß er in der Patsche sitzt, sprich in jener Steuerklasse, die neunzig Prozent ihres Einkommens an den Fiskus abführen muß. Seine Frau war früher bei Woolworth's. Nicht als Sonderangebot, sondern als Verkäuferin. Ich wollte damit nicht andeuten, sie sei billig. Um genau zu sein: Sie ist sogar ein sehr hübsches Ding. Die beiden legten sich ein wunderschönes Heim zu, zwei teure Autos, zwei teure Kinder und dazu allen Luxus, den man mit Geld kaufen kann.

Während der ersten beiden Ehejahre war sie eine glückliche Hausfrau. Sie mußte weder Fußböden schrubben noch Windeln waschen. Sie saß am Kopfende der häuslichen Tafel und lauschte, wenn Gäste kamen, aufmerksam den großspurigen Reden, die ausdauernd geschwungen wurden.

Nun hat Irving Berlin allerdings recht, wenn er *There's No Business Like Show Business* singen läßt. Man wird wohl kaum einen Menschen finden, dem die Sehnsucht nach einem öffentlichen Auftritt auf Bühne, Leinwand oder Podium völlig fremd ist. Die Welt wimmelt von Exhibitionisten. Ich glaube, daß die meisten Politiker nur deshalb Politiker geworden sind, weil sie auf ein Podest steigen und von anderen Leuten angeglotzt werden wollten. Das erklärt auch den immensen Erfolg der heutigen Quizshows. Tausende von Menschen schrieben an die Sender und bettelten, man möge sie als Kandidaten einladen. Kaum jemand bewarb sich wegen der Preise. Die meisten wollten einfach nur vor Publikum auftreten. Oder, um es mit den treffenden Worten eines obskuren Dichters namens Shakespeare zu sagen: »Die ganze Welt ist Bühne«; eine Bühne, auf der offenbar jeder stehen möchte, und zwar ganz vorn und mitten im Rampenlicht.

Die Frau des Produzenten stellte jedenfalls keine Ausnahme dar. Wie all ihre Geschlechtsgenossinnen wartete sie, bis der Floh in ihrem Ohr zu einem handfesten Spleen herangewachsen war, und teilte dann ihrem Mann mit, sie wolle ins Showgeschäft. Er wies sie darauf hin, in Hollywood gebe es ungefähr achtzehntausend junge, attraktive Mädchen, die ebenfalls ins Showgeschäft wollten und außerdem arbeitslos seien.

»Das kann schon sein«, stimmte sie zu, »aber die sind nicht mit dir verheiratet. Immerhin bist du ein bedeutender Mann in der Filmbranche, also wirst du mir bestimmt einige Türen öffnen können.«

»Ich weiß nicht, welche Türen das sein sollten«, sagte er, »außerdem verstehe ich nicht, wieso es ausgerechnet die Showbranche sein muß. Warum fängst du nicht an zu malen oder lernst ein Instrument oder ein, zwei Fremdsprachen. Ein bißchen Kultur würde dir bestimmt nicht schaden.«

»Ach, das ist alles langweilig«, sagte sie achselzuckend. »Ich weiß einfach, daß ich zur Schauspielerin geboren bin, und davon lasse ich mich weder von dir noch von irgendwem sonst abbringen!«

Das war nicht ganz der Ton, den er von früher kannte, als er sie aus dem Woolworth's-Laden geholt hatte, aber die Ehe und der Gedanke an Unterhaltszahlungen verändern Frauen auf merkwürdige Weise.

»Besorg mir irgendeine Rolle«, forderte sie. »Ganz egal, wie klein. Ich verwette mein Haushaltsgeld für den ganzen nächsten Monat darauf, daß ich mit Angeboten überhäuft werde, sobald die Leute mich auf der Leinwand gesehen haben.« (Das Haushaltsgeld hatte sie natürlich schon ausgegeben, aber das nur am Rande.)

Der Produzent hatte viele Freunde, und eines Abends kam er nach Hause und erzählte seiner Frau, er hätte ihr um ein Haar zu einer Rolle verhelfen können. Es waren nur zwei Zeilen Text, aber die mußten leider auf französisch gesprochen werden.

»Was ist das für eine Rolle?« fragte sie aufgeregt. »So was ähnliches wie das, was Elizabeth Taylor in *Die Katze auf dem heißen Blechdach* gespielt hat?«

»Na ja, nicht ganz«, sagte er. »Die Szene spielt bei den Vereinten Nationen, und alle Abgeordneten, Männer und Frauen, sind versammelt ...«

Ihre Begeisterung kannte keine Grenzen mehr. »Ich könnte doch lernen, wie man die beiden Zeilen auf französisch spricht! Würde ich die Rolle dann kriegen?«

»Ich schätze schon. Aber denk dran, es sind nur zwei Zeilen.«

Obwohl sie keine Geldsorgen kannte, lautete ihre nächste Frage: »Wieviel kriege ich dafür?«

»Tja, es ist eine Sprechrolle, also würdest du für den einen Drehtag wohl zweihundert Dollar bekommen«.

»Ach, toll! Ich nehme die Rolle!« Und weg war sie, um all ihre Freundinnen anzurufen.

Tags darauf begab sie sich zu einer Fremdsprachenschule und schrieb sich für einen Französischkurs ein, der insgesamt hundert Stunden dauern und tausend Dollar kosten sollte. Nachdem das erledigt war, trabte sie in den nächsten Schallplattenladen und kaufte ein Dutzend französische Platten und anschließend weiter in eine Buchhandlung, wo man ihr kurzerhand die gesammelten Werke von Sartre, Anatole France und Balzac aufschwatzte – im Original, versteht sich.

Bis zu den Dreharbeiten blieben zwei Monate Zeit, und als es endlich losging, war sie so umfassend ausgebildet, daß sie sogar ein mehrgängiges Menü in einem französischen Restaurant hätte bestellen können. Schließlich kam ihr großer Drehtag. Sie rasselte ihre zwei französischen Zeilen so sauber und souverän herunter wie De Gaulle seine Aufforderung an die Algerier, auf der Stelle aus Paris zu verschwinden.

Als ihr Honorarscheck eintraf, stellte sie fest, daß ihr abzüglich Renten-, Arbeitslosen- und Krankenversicherung sowie des Beitrags zum Sozialfond der Filmindustrie nur 142 Dollar blieben. Ihr Mann, der, wie bereits erwähnt, in der höchsten Steuerklasse veranlagt war, mußte auf die Bruttoeinnahme von 200 Dollar neunzig Prozent Einkommensteuer zahlen – und natürlich die tausend Dollar für den Französischunterricht. Nachdem sie die Bücher und Schallplatten aus eigener Tasche bezahlt hatte, blieb ihr unter dem Strich ein Gewinn von zwanzig Dollar. Ihm hingegen blieb ein Verlust von knapp zwölfhundert.

Bei der Voraufführung des Filmes stellte man fest, daß das gute Stück vierzig Minuten zu lang geraten war, also wurde die Szene vor der Vollversammlung der Vereinten Nationen komplett herausgeschnitten.

Sie hat inzwischen mit Yoga angefangen.

Und die Moral von dem Kapitel lautet: Wenn Sie irgend etwas kaufen müssen, gehen Sie zu Saks in der Fifth Avenue und nicht zu Woolworth's. So manches Schnäppchen entpuppt sich als furchtbar kostspielige Anschaffung.

8.
Eine noch zum Abgewöhnen

Wir nähern uns nun allmählich dem Ende dieses Teils meines monumentalen Wälzers, aber für Sie besteht kein Anlaß, »Gott sei Dank!« zu seufzen, denn noch bin nicht fertig. Nicht ganz. Nur Geduld. Vergessen Sie bitte nicht, daß all dies mich vernauso gewirrt wie sie. Verwirrso genaut!

Bis heute hat niemand wirklich eindeutig bestimmen, respektive festnageln können, was Sex wirklich bedeutet. Das ganze diffuse Thema scheint sich dem Begreifen beharrlich zu entziehen und stellt Wissenschaftler, Philosophen und Urologen vor Rätsel, seit Aphrodite frisch gewickelt durch die Wälder tollte. Man sagt übrigens, daß sich zur Zeit des griechischen und des römisches Weltreiches alle möglichen Arten von Aphroditen auf der Weltkugel herumgetrieben haben sollen. Die sizilianische beispielsweise hieß Herm und war halb Mann und halb Frau. Diese eigenwillige Kombination war Herms Mitmännchen und -weibchen natürlich nicht geheuer, also war unsere Aphrodite ziemlich allein. So allein, daß sie sich praktisch Tag und Nacht vor Gram die Haare raufte und quasi im Fingerumdrehen die Aphrofrisur erfand.

Aber zurück zu unserem Thema: Heinrich VIII., auch bekannt unter dem Namen Alter Schmerwanst, konnte offenbar seinen Bauch nicht von tiefer liegenden Regionen unterscheiden, da man ihm die Bemerkung zuschreibt, der Weg ins Herz eines Mannes führe durch seinen Magen. Das mag so gewesen sein, als England noch auf den sieben Weltmeeren herrschte und Heinrich allmorgendlich eine Wildschweinkeule (und hin und wieder eine Gattin) von der Frühstücksplatte putzte, aber wie Sie selbst bemerkt haben werden, heiraten heutzutage nur noch Menschen ohne Stolz und Verstand in Feinkostgeschäften.

Ich bestreite nicht, daß ein wohlgenährter, normaler, geschwürloser Magen in Liebesdingen eine gewichtige Rolle spielen kann, aber vielleicht sollte ich besser von vorn anfangen.

Vor vielen Jahren, als wir noch in den niedersten Niederungen des Schmierenvaudeville herumkrebsten, hausten wir vorübergehend in einer kleinen Pension in einem texanischen Durchgangskaff namens Orange. Außer uns vier Marx-Brüdern beherbergte die schmuddlige Absteige sechs mexikanische Eisenbahnarbeiter, eine mexikanische Vermieterin und deren mexikanische Tochter. Unsere belletristische Erfahrung lehrt uns, daß alle Töchter von Bauern oder Pensionsbesitzern unwiderstehliche Wahnsinnsweiber sind. Orange lehrte uns, daß es keine Regel ohne Ausnahme gibt. Pepita, die Tochter des Hauses, war potthäßlich. Zu ihren herausragenden optischen Merkmalen gehörten ein verbogenes Gebiß, ein Hängebusen und eine Nase, die stark an eine Reliefkarte der Anden erinnerte.

Wir waren jung, allzeit bereit und nicht allzu wählerisch, aber die Herausforderung Pepita hätte kein geistig gesunder Mann freiwillig angenommen.

Als wir unsere Zimmer bezogen, hatten wir keine Ahnung, daß wir in einem Haus mit Haute-Rio-Grande-

Cuisine gelandet waren; folglich waren wir am nächsten Morgen etwas überrascht, statt eines normalen Frühstücks eine einfache Mahlzeit aus heißen *Tamales* und mexikanischem Kaffee vorgesetzt zu bekommen. Falls Sie diese Kaffeesorte noch nie gekostet haben: Es handelt sich um Zichorie mit einem Schuß Schlamm, also kein Getränk im eigentlichen Sinne, denn trinken konnte man es nicht. Aber wenn man es ordentlich durchkaute, gab es den Widerstand irgendwann auf und ließ sich in genießbare Schlucke zerbeißen.

Tamales bestehen aus Mais, Hackfleisch und Gewürzen, und kamen uns als Ersatz für Frühstückseier zunächst ein wenig sonderbar vor. Und an Bohnen zum Mittagessen waren wir natürlich auch nicht gewöhnt. Als die Vermieterin dann allerdings am Abend ihre *pièce de résistance* auftischte, nämlich scharfes Chili con Carne, wußten wir, daß wir selbst zwar nicht in Mexiko waren, wohl aber unsere Mägen energisch in jene Richtung strebten.

Wir vertrugen die Mahlzeiten nicht allzu gut und verbrachten den Großteil der Nacht mit Ächzen, Stöhnen und Wälzen. Die Dienstags- und Mittwochsspeisekarte unterschied sich nicht von der vom Montag. Nicht die Chilibohne. Bis zum Mittwochabend hatten wir so viel von diesem Pfefferfraß in uns hineingeschaufelt, daß wir fast die gesamte Zeit zwischen den Mahlzeiten verzweifelt versuchten, das in uns lodernde Feuer durch regelmäßiges Wassersaufen zu ersticken. Neun mexikanischen Gerichten in drei Tagen war jedoch, wie wir sehr bald feststellten, mit normalen Wassermengen nicht beizukommen. Wir brauchten einen stetig fließenden Strom. Vielleicht hätte auch ein Feuerwehrschlauch genügt, aber den gab es in Orange nicht – nicht mal bei der Feuerwehr.

Die mexikanischen Arbeiter mampften ihr Essen, als sei es genießbar – und baten um Nachschlag. Wir schluckten und aßen. Wir wollten nicht, aber uns blieb keine Wahl: entweder das, oder ein Carepaket. Und damals gab es noch keine Carepakete.

Als wir an jenem Abend auf unsere Zimmer zurückkehrten, entwickelte Harpo in der irrigen Ansicht, durch Auf- und Abhüpfen werde das Feuerfutter schneller wegsacken, seine ureigene »La Cucaracha«-Version.

Die Schlafzimmer waren mit jeweils zwei Betten, einer Schüssel, einem Krug und einem kleinen Handtuch für jedes Opfer ausgestattet. Da fließend Wasser noch nicht in jene abgelegene texanische Region durchgesickert war, hielt die Krugfüllung nicht lange vor. Wir waren im tiefsten Winter dort, brauchten aber trotzdem keine Heizung. Unsere vier mit Chili-Schoten, Tabasco und roten Bohnen vollgestopften Mägen entwickelten genügend Wärme, um nicht nur unsere Zimmer, sondern die ganze Pension aufzuheizen. Mit vereinten Kräften wäre es uns vier vermutlich sogar gelungen, den Madison Square Garden in der kältesten Nacht des Jahres warmzuhalten.

In der Nacht vom Mittwoch auf Donnerstag begann die geballte lateinamerikanische Ladung ihren Tribut von unserer Gesamtkonstitution zu fordern. Während des langen Konzerts aus Knurren, Blubbern, lautem Fluchen und anderen durch den Raum hallenden tierischen Lauten taten wir kaum ein Auge zu.

Die Aussicht auf drei weitere mexikanische Mahlzeiten hielt uns am Donnerstag lange im Bett. In der Not hätten wir sogar an einem Imbißstand gegessen, nur fehlte uns leider das Geld. Schauspielern traute damals niemand über den Weg, daher mußten wir in Pensionen immer im voraus bezahlen. Wir hatten also die Wahl: Entweder bissen wir drei weitere Tage in die scharfen Bohnen, oder wir bissen ins Gras.

An jenem Morgen versammelten sich vier verzweifelte junge Männer zum Kriegsrat. Da ich als einziger einen Schnurrbart trug, ergriff ich das Wort.

»Jungs«, begann ich, »wir sind uns doch wohl einig, daß wir alle prima Burschen sind und am Leben hängen. Stimmt's?« Die Jungs nickten zustimmend. »Und deshalb«, fuhr ich fort, »habe ich einen Plan ausgeheckt, der so genial ist, daß man kaum glauben sollte, daß er von mir stammt. Wenn alles gutgeht, sind unsere letzten drei Tage hier nicht unsere letzten drei Tage, wenn ihr wißt, was ich meine. Hört genau zu. Wir alle kennen und meiden Pepita, die widerwärtige Tochter unserer Vermieterin. Nun lassen wir als Schauspieler und Marxbrüder normalerweise keine Frau links liegen, die wenigstens halbwegs menschliche Züge hat, aber wenn wir aus dieser Klemme lebend herauskommen wollen, muß sich einer von uns opfern. Klipp und klar formuliert: Einer von uns muß eine Nacht mit Pepita verbringen. Er wird ihr gestehen, daß er unsterblich in sie verliebt ist und daß nur die fremdländische Kost zwischen ihm und ihr steht. Er muß erreichen, daß Pepita ihre Mutter überredet, uns bis zum Ende der Woche mit amerikanischem Essen zu versorgen. Er wird sie sanft liebkosen und ihr dabei in die Segelohren hauchen, daß er zum einen ohne sie nicht leben kann, zum anderen jedoch die von ihrer Mutter zubereitete Kost die Eingeweide seiner Brüder in lichterlohen Aufruhr versetzt. Sie wird in seinen Armen liegen; er wird sie bitten, die Sache für uns zu deichseln; und dafür wird er ihr versprechen müssen, paradiesische Dinge mit ihr zu treiben, Dinge, die seit der

Vertreibung aus dem Garten Eden kein Mann mit einer Frau getrieben hat.«

Uns allen war schon vom Essen schlecht, aber beim Gedanken an Pepita wurde uns noch schlechter. Harpo, der immer noch irrglaubte, durch heftiges Zappeln die brennenden Schmerzen aus seinem Verdauungstrakt schütteln zu können, fing wieder an, »La Cucaracha« zu tanzen.

»Also, meine Herren – oder Brüder, wenn euch das lieber ist«, fuhr ich fort, »wir alle kennen die alte Armeesitte, bei bevorstehenden besonders riskanten Aufträgen zunächst einmal zu fragen, ob jemand sich freiwillig melden möchte. Nun sind wir glücklicherweise nicht in der Armee, obwohl wir uns da garantiert besser fühlen würden als auf dieser Müllkippe, und nachdem wir alle Pepita gesehen haben, wird es mit Sicherheit keine Freiwilligen geben. Hat sich da gerade jemand gemeldet? Nicht? Dacht ich's mir doch! Da wir alle Ehrenmänner sind, schlage ich also vor, daß wir Streichhölzer ziehen. Der glückliche Gewinner – ihr erlaubt, daß ich kurz wiehere – wird das Vergnügen haben, die ganze Nacht mit diesem Jungmonster zu verbringen und einem völlig unnatürlichen Bedürfnis nachzugeben. Was, frage ich euch, will man mehr?«

Diese Frage provozierte haufenweise unflätige Antworten, die ich hier nicht im einzelnen wiedergeben will. Schließlich soll dieses Buch mit der Post verschickt werden.

»Auf den Punkt gebracht«, fuhr ich fort, »wird derjenige, der das große Liebeslos für die heutige Nacht zieht, nicht nur seine Brüder und, ganz am Rande, auch sich selbst vor innerer Verwesung bewahren, sondern eine Liebesnacht erleben, die ihm aller Voraussicht nach bis an sein Lebensende unvergeßlich bleiben wird!«

Nachdem das Ächzen verklungen war, zog ich vier Streichhölzer heraus und betete leise, dieser Kelch möge an mir vorübergehen.

Die Höflichkeit verbietet mir, den Namen des unglücklichen Bruders zu nennen, den das Schicksal zu strafen auserkoren hatte. Die Überlebenden, schier außer sich vor Freude, den drohenden Fängen der schönen Pepita entronnen zu sein, waren um gute Ratschläge und aufmunternde Worte nicht verlegen. Der Verurteilte weinte kurz, aber vergeblich, denn er wußte, daß es kein Entrinnen gab. Hätte er sein Wort gebrochen, wäre er von seinen glücklicheren Kumpanen windelweich geprügelt worden.

Als die vier am Donnerstagmorgen um die Frühstückstafel versammelt saßen und angesichts einer großen Platte Tamales dem Ersticken nahe waren, begab sich der arme Verlierer (den wir Bruder X nennen wollen) auf seine heilige Mission, indem er der mexikanischen Maid schöne Augen machte und schmachtende Blicke zuwarf.

Man könnte sagen, daß sie überrascht und geschmeichelt war, aber das wäre untertrieben. Obwohl das Haus sicherlich nicht zum ersten Mal bis zum Bersten mit leidenschaftlichen Männern gefüllt war, war es das erste Mal, daß ein männliches Wesen sie anders als angewidert ansah. Auch sie war nur eine Frau, also schnappte sie sofort zu. Mit feuersprühenden Glubschaugen entblößte sie die gezackten Zahnreihen zu einem breiten Lächeln.

Das Flirten und Turteln fand beim Mittagessen seine Fortsetzung, und nach dem unvermeidlichen Chili-Abendbrot war die schreckliche Holde sein. Bevor Bruder X sich auf den Weg zum Theater machte, fragte er sie schaudernd, ob sie ihm nach der Vorstellung Gesellschaft leisten wolle. Als die beiden dann später am Abend auf der Schaukel im Hinterhof saßen, hauchte sie ihm zu, falls er irgend etwas von ihr wolle, brauche er es nur auszusprechen. »Aber zuerst, mein schöner Señor«, gurrte sie, »will ich in deinen Armen liegen.«

Obwohl dieser Vorschlag Bruder X über die Maßen entsetzte, kniff er nicht den Schwanz ein. »Hör zu, meine mexikanische Rose«, sagte er, »warte noch ein Weilchen, dann gehöre ich ganz dir« – das war nicht allzu viel versprochen, denn nach vier Tagen mexikanischen Fraßes war nicht mehr viel von ihm übrig – »aber vorher muß ich dir etwas sagen. Du weißt, daß meine Brüder und ich das mexikanische Volk heiß und innig lieben. Wir lieben eure Sitten und Gebräuche und haben das Streben eures Heimatlandes nach Unabhängigkeit immer bewundert. Nur ist das Essen deiner Mutter – wenn es sich auch ohne weiteres mit dem messen kann, was in manchen Restaurants an der Ostküste serviert wird – nicht ganz das Essen, das wir gewohnt sind, und hat unsere Mägen und unsere Libido schwer in Mitleidenschaft gezogen.«

»*Amor mio*«, schnurrte sie, »es tut mir serr leid, daß ihr unsere Essen nicht vertragt.« (Das war die Untertreibung der Woche!) »Aberr meine Mamma wirrd alles zuberreiten, was ihr essen möchtet. Kühss mich, *Corazón*. Ich liebe dich.« Als sie näherrückte, wich er instinktiv zurück.

»Pepita, Liebes«, sagte er und hing schon halb von der Schaukel, »alles, was wir von deiner reizenden Mutter wollen, die übrigens fast genauso hinreißend ist wie du, sind Eier, Brathühnchen, ein, zwei Koteletts und die landwirtschaftlichen Haupterzeugnisse der näheren Umgebung.«

Und damit, werter Leser, wollen wir den Mantel des Schweigens über dieses Zusammentreffen sinken lassen, das man wohl mit Fug und Recht als einseitigstes seit der legendären Paarung David gegen Goliath bezeichnen kann.

Um John Milton (1608–1674) zu zitieren: »'s ist Keuschheit, Bruder, Keuschheit. Die sie besitzt, ist fest umhüllt von stählernem Gewande.« Auf Pepita traf diese Beschreibung jedenfalls unbestreitbar zu.

Ein klarer Freitagmorgen dämmerte herauf. Kein Wölkchen trübte den blauen Himmel. Ein sanfter Westwind strich vom Horizont übers Land und nahm auf dem Weg in den Speisesaal den herrlichen Geruch von Rühreiern und Schinken mit.

Wie der Bruder hieß, der den Großteil der vergangenen Nacht mit dem häßlichen Entlein zugebracht hatte, behalte ich weiterhin für mich, aber seine Nahkampfattacke hatte offenbar die gewünschte Wirkung erzielt. Zum Mittagessen bekamen wir Brathähnchen und warme Brötchen. Zum Abendessen fuhr die Vermieterin T-Bone-Steaks, gebackene Kartoffeln und Wassermelone mit mächtigen Eiscremekronen auf.

Vergeblich versuchten die anderen drei dem gepeinigten Bruder zu entlocken, was in der Nacht geschehen war. Wie in solchen Fällen üblich, bombardierte man ihn mit schneidigen Bemerkungen – jenen groben, abgeschmackten Kommentaren, die jedem Unglücksbräutigam von seinem letzten Herrenabend in Freiheit her vertraut sind. Bruder X jedoch verhielt sich wie alle großen Männer, die ihr letztes gegeben hatten, und verweigerte die Aussage. Er lächelte bloß matt.

Pepita hingegen wußte kaum mehr, wohin mit all ihrem neugewonnenen Schwung und Elan, und flirtete während der drei Mahlzeiten unerhört offen und ununterbrochen mit ihrem Geliebten. Wenn sie ihn ansah, sah er jedesmal weg. Im verzweifelten Bemühen, noch einmal mit seinem aufregenden Körper in Berührung zu kommen, rutschte sie beim Servieren des Essens an der Tischkante entlang. Aber Bruder X war kein Trottel. Je näher sie kam, desto weiter rückte er mit seinem Stuhl vom Tisch ab und hielt sich bereit, im Falle eines Falles die Beine in die Hand zu nehmen oder tollkühn unter den Tisch zu hechten.

Kaum war der letzte Löffel Eiscreme verspeist, floh Bruder X, ohne Pepitas verführerische Blicke und aggressive Avancen zu beachten, aus dem Speisesaal und hörte erst vor dem Theater wieder auf zu rennen. In der Garderobe überhäuften ihn seine Brüder mit Lob. Kuriert von der viertägigen Roßkur aus mexikanischen Küchenabfällen, gaben die Jungs eine fantastische Vorstellung. Während des gesamten Auftrittes klopften sie ihrem Retter ständig auf die Schultern und gratulierten ihm ausgiebig. Dem Publikum war offenbar schleierhaft, was das sollte, aber das ließ uns völlig kalt, da dem Publikum sowieso immer schleierhaft war, was wir auf der Bühne taten.

Nach der Vorstellung kehrten wir in die Pension zurück. Und neben der Eingangstür saß Pepita, schnupperte an einer Rose und fieberte offensichtlich einer weiteren ekstatischen Nacht mit ihrem Geliebten entgegen.

Aber unser Held war auf der Hut gewesen. Als er seinen privaten Dämon auf der Schwelle erspähte, schlich er in Windeseile zur Rückseite des Hauses, stieg durch ein offenes Fenster, rannte nach oben in sein Zimmer und verriegelte die Tür. Nur mit größter Mühe konnten wir ihn überzeugen, daß wir nicht Pepita waren.

In jener Nacht schliefen wir gut und ruhig. Dann folgte unser letzter Tag, der Samstag (wie immer nach dem Freitag). Wir dachten an die drei köstlichen Mahlzeiten, die uns erwarteten, und leckten uns vorfreudig die Lippen. Nachdem wir uns rasch angezogen hatten, stürmten wir hinunter in den Speisessal.

Daß die Hölle tatsächlich keine schlimmere Strafe kennt als eine verschmähte Frau, dämmerte uns erst, als Pepita auftauchte und einen großen Teller *Tamales* auf den Tisch knallte. Zum Mittagessen gab es Bohnen. Und abends? Genau: Chili con carne und mexikanischen Kaffee.

Wie man sieht, führt also der Weg ins Herz eines Mannes – ganz egal, was Heinrich VIII. sagt – nicht unbedingt durch den Magen. In diesem Fall führte der Weg in unsere Mägen durch Bruder X's Herz.

Und ich muß es wissen, denn ich war Bruder X.

V. Teil
Marxistische Philosophie Grouchoscher Prägung

1.
Was unser Land wirklich braucht

Lassen Sie mich vorausschicken, daß ich für nichts und niemanden kandidiere. Ich höre mich bloß gern schwafeln. Die *Marx-for-Vice-President*-Stimmungsmache war weder in meinem Sinne, noch hat sie zu irgend etwas geführt. Die Kampagne wurde von einem zwielichtigen Kalifornier gestartet, der über keinerlei politische Erfahrungen verfügte und zudem völlig betrunken war.

Das ganze war nichts als eine spontane Schnapsidee. Vor einiger Zeit war ich bei einer widerwärtigen abendlichen Feier zu Gast und sprach gerade über internationale Beziehungen, als dieser Kerl plötzlich sagte: »Kommt, Freunde, wir stellen Groucho Marx als Kandidaten für die Vizepräsidentschaft auf.« Ich fühlte mich natürlich geschmeichelt. Ich fragte, weshalb diese Ehre ausgerechnet mir zuteil werden sollte. Weshalb meinten meine Freunde, ich sollte Vizepräsident werden?

»Weil«, knurrte mein Gönner, »der Vizepräsident grundsätzlich die Klappe hält. Das könnte eine interessante neue Erfahrung für dich werden.«

Die Wahlkampagne stand also von Anfang an unter einem schlechten Stern, was aber vielleicht auch ganz gut war, da ich, wie ich ja bereits sagte, für kein Amt und keinen Posten kandidieren will. Verstehen Sie mich bitte nicht miß: Mit falscher Bescheidenheit hat das nichts zu tun.

Falls wieder mal jemand eine Kampagne starten möchte, nehme ich die Vizepräsidentschaft mit Kußhand, obwohl ich bestimmt einige Zeit brauchen werde, um mich an das tägliche Geschwätz der Senatoren zu gewöhnen.

Ich weiß noch, daß vor ungefähr vierzig Jahren einer unserer Vizepräsidenten mit der ergreifend schlichten Bemerkung berühmt wurde, was unser Land brauche, sei eine gute Fünf-Cent-Zigarre. Was unser Land wirklich braucht, ist ein gutes Fünf-Cent-Fünfcentstück. Und darüber hinaus eine gute fünfprozentige Einkommensteuer.

Wie es der Zufall will, habe ich mir einige Notizen zu den echten Bedürfnissen unseres Landes gemacht, die ich hier – ohne politische Hintergedanken – gern preisgebe:

Erstens braucht die Nation ein gutes Schinkensandwich. Ich denke an das einfache, altmodische (inzwischen veraltete) Eindecker-Schinken-Sandwich, das eine nationale Institution war, bis ihm die kleinen Krämerdrogisten mit ihrem angeborenen Hang zum Verwässern und Vermischen den Garaus gemacht haben. Versuchsweise betrat ich gestern einen Drugstore und bestellte ein Schinkensandwich.

»Schinken und was noch?« fragte der Verkäufer.

»Kaffee«, sagte ich.

»Nein«, erwiderte er, »ich meinte, ob sie Schinken-Thunfisch wollen oder Schinken-Sardine-und-Tomaten oder Schinken-Speck-und-Brokkoli? Und möchten Sie dazu Kraut- oder Kartoffelsalat?«

»Nur Schinken«, bat ich. »Ein einfaches Schinkensandwich. Ohne Tomaten, ohne Salat, ohne alles.«

Der junge Mann sah mich verdutzt an und ging dann hinüber zum Apothekenschalter, um sich mit dem Drogisten zu beraten, der gerade damit beschäftigt war, einen

Schock Beruhigungspillen für seine börsengeschädigten Kunden zu drehen. Er starrte mich so mißtrauisch an, daß ich die Flucht ergiff. So weit ist es mit unserem Land gekommen.

Was wir außerdem dringend benötigen, ist ein Jackett, in dem man Tabak mit sich herumtragen kann, statt mit einem unförmigen Beutel herumlaufen zu müssen. Es wurde schon vorgeschlagen, unsere Schneider sollten komplette Anzüge aus Tabak herstellten, so daß, wer seine Lieblingspfeife stopfen möchte, lediglich ein Stück abreißen und in den Kolben stopfen müßte.

Auf den ersten Blick erscheint diese Vorgehensweise fragwürdig, erweist sich bei genauerem Hinsehen jedoch als komplett abwegig, da ein Anzug mit abgerauchtem Revers ausgesprochen unpraktisch wäre. Wo sollte man seine Wahlplaketten oder Klubembleme befestigen?

Ich schlage daher vor, lediglich die ohnehin völlig überflüssige Weste aus Tabak zu schneidern. Eine Weste schmückt niemanden und wärmt kaum. Meiner Ansicht nach würde eine schöne, milde Virginia-Weste mit Nähten aus türkischem Tabak entschieden zum Wohlbehagen amerikanischer Männer beitragen.

Und die kühnen Schneider, die dieses neue Kleidungsstück in Angriff nehmen, könnten auch gleich ein weiteres dringendes Bedürfnis befriedigen – nämlich das nach einer Hose, die sich abends von selbst versteckt, um Brieftaschen endlich vor dem Zugriff zudringlicher Ehefrauen zu schützen. Verschwindende Hosen! Ja, das mag in Ihren Ohren ein klein wenig überspannt und träumerisch klingen, aber ich habe in dieser Angelegenheit schon gewisse Fortschritte gemacht. Kaum hatte ich meine Frau beim Bridge als Partnerin gewählt, schon war mein letztes Hemd verschwunden.

Andere Spieler sind gewitzter als ich. Die stechen einige Herzchen weg, legen einfach die Karten auf den Tisch – und lassen auf diese Weise ihre Frauen verschwinden. Und natürlich ihre Probleme. Anschließend können sie nämlich ihre Hosen liegen lassen, wo sie wollen. Diese Lösung empfiehlt sich jedoch nur in Ausnahmefällen, denn meiner Ansicht nach gehört in jeden anständigen Haushalt eine Frau. Als Mütter sind Frauen unentbehrlich, außerdem unterrichten sie einen immer sofort, wenn die Nachbarin ein neues Auto oder einen Pelzmantel bekommen hat oder zum Tanzen ausgeführt wird. Ehefrauen sind Menschen, die ständig das Gefühl haben, sie tanzten zu wenig. Läßt man ihnen ihren Willen, braucht man seine Hosen nicht mehr zu verstecken, weil man in diesem Fall nichts mehr zu verbergen hat.

Ebenso dringend benötigt unsere Nation Wäschereien, die einem mit dem frisch gebügelten Hemd ein Päckchen Stecknadeln schicken, damit man sich die Nadeln nicht mehr einzeln aus dem Kragen ziehen muß, beziehungsweise (wenn man sie nicht rechtzeitig entdeckt) aus dem Hals. Ich persönlich habe eine Vereinbarung mit meinem Wäschereimann getroffen. Wann immer er mich mit einer Nadel piesackt, piesacke ich ihn mit einem ungedeckten Scheck. Seine Schmerzensschreie hört man von Culver City bis zu meiner Bank in Beverly Hills.

Außerdem brauchen wir einen Staubsauger, der leiser jault als eine Boeing 707 und einem nicht das Blut in den Adern gerinnen läßt, wenn man sich gerade zu einem kleinen Vier-Stunden-Nickerchen aufs Sofa gelegt hat. Ich habe weder Kosten noch Mühen gescheut, dieses Problem bei mir zu Hause befriedigend zu lösen, halte meine Lösung allerdings aus naheliegenden Gründen nicht für optimal. Der Bereich vor meiner Schlafzimmertür ist vermint. (Unbeteiligte werden natürlich gewarnt.) Kommt der Staubsauger näher als vier Meter an meine Schlafzimmertür heran, hat das Hausmädchen folglich nicht mehr viel zu lachen. Der Nachteil ist allerdings, daß man nach jedem Volltreffer einen neuen Staubsauger braucht. Und ein neues Hausmädchen. Und einen neuen Teppich.

Ach ja, die Liste wird lang und länger wie Sonny Listons Arm. Bevor ich nun allerdings zur Vizepräsidentschaft gebrüllt werde und man mich zwingt, meine ungezügelte Zunge im Zaum zu halten, muß ich mir noch einige weitere kleine, geistreiche Essays von der Seele schreiben. Dabei fällt mir auch gerade wieder ein, was unser Land vermutlich am allernötigsten braucht: ein paar geistreiche Essayisten.

2.
Über Sparsamkeit

Menschen, die über die gute alte Zeit sprechen, sind meist älter als fünfzig. Sie erinnern sich wehmütig an Pferd und Wagen, zweisitzige Fahrräder, billiges Konfekt und das Gebilde im Hinterhof, das wie eine Telefonzelle aussah, aber keine war. Manches, was uns am Herzen lag, ist verschwunden, aber wozu fortfahren? Wenn Sie über fünfzig sind, erinnern Sie sich vermutlich noch genausogut daran wie ich.

Sagt man heute beispielsweise zu einem jungen Menschen »Spar!«, denkt dieser sofort an den nächsten Supermarkt, sprich ans Geldausgeben. Laut *Wall Street Journal* balanciert das gesamte Land auf dem schmalen Grat eines gigantischen Schuldenberges; die Regierung steht mächtig in der Kreide, und den meisten Bürgern geht es nicht anders. Wir tanzen auf dem Vulkan, aber in Washington scheint das niemanden zu kümmern.

Früher lebten arme Menschen in ärmlichen Verhältnissen. Heute leben sie in reichlichen Verhältnissen, also über ihre Verhältnisse. Darüber habe ich mich mit vielen Menschen unterhalten, deren Jahreseinkommen zwischen acht- und zehntausend Dollar beträgt, und die meisten mußten gestehen, daß fast alles, was ihnen gehört – ihre Autos, ihre Fernsehapparate, ihre Häuser und ihre Möbel – nicht ihnen gehört. Ihre Devise lautet offenbar: »Was soll's – vielleicht sind wir morgen schon tot!« Sollten diese

Philosophen allerdings mit ihrer Vorhersage ein paar Jahrzehnte danebenliegen, werden etliche von ihnen im Alter von der Fürsorge leben.

Die Reinlichkeit mag der Gottseligkeit verwandt sein, aber für meine Begriffe ist Sparsamkeit die nähere Verwandte. Ich betrachte mich als einen der letzten Überlebenden einer endenden Epoche. Ich gehöre zu jenen, die beim Verlassen des Zimmers das Licht ausschalten. Ich drehe die Wasserhähne fest zu, damit sie nicht tropfen. Obwohl ich eine Köchin habe, gehe ich selbst in den Supermarkt und suche die Lebensmittel aus, die sie dann am Ende verdirbt. Die Leute drehen sich überrascht nach mir um, wenn ich vor dem Gemüseregal stehe und die Vorzüge zweier Kohlköpfe gegeneinander abwäge und mit raschem, sicherem Griff Tomaten oder gelegentlich auch junge Hausfrauen auf Frische und Festigkeit untersuche. Da mein Gesicht relativ bekannt ist, führt das gelegentlich zu peinlichen Szenen, aber ich kann nicht anders. Ich bin überzeugt, daß die Sparsamkeit – jedenfalls in meinem Fall – etwas Angeborenes ist oder, genauer, eine direkte Folge meiner Kindheit in hochverschuldeten Verhältnissen und sich im Alter (das ich vor einigen Jahren hinter mir gelassen habe) nicht mehr abstellen läßt.

Damit stehe ich nicht allein. Viele meiner wohlhabenden Freunde sind auf äußerst sonderbare Weise genügsam. Einer von ihnen benutzt jeden Tag ein frisches Taschentuch, zieht dieses jedoch allabendlich vor dem Zubettgehen noch einmal heraus und trompetet ein letztes Mal ausgiebig hinein, bevor er es in den Wäschekorb schmeißt. Irgendwann fragte ich ihn nach dem Grund, und er sagte: »Ich nutze jedes Taschentuch so gut wie irgend möglich aus und fühle mich eigentlich gar nicht so schlecht, wenn ich erkältet bin. Dann lohnt sich das Ganze nämlich erst richtig!«

Ein anderer Freund von mir (das hätten Sie nicht gedacht, daß ich zwei habe, was?) verdient jährlich ungefähr hunderttausend Dollar. Wenn er jemanden in seinem Rolls Royce zum Essen ins Romanoff's ausführt, läßt er den Wagen zwei oder drei Häuserblocks vom Restaurant entfernt stehen, um dem Parkwächter kein Trinkgeld zahlen zu müssen. Nicht, daß er knausrig wäre, keineswegs. Er erklärt das so: »Wenn ich ein teures Restaurant besuche und fünfzig oder sechzig Dollar fürs Abendessen bezahle, soll die Geschäftsleitung meinen Wagen gefälligst gratis parken.«

Einer meiner anderen Bekannten ist völlig kahl, läßt seinen Hut aber trotzdem grundsätzlich im Wagen liegen, wenn er ein Restaurant besucht. Da er das auch im Winter tut, ist er ständig vergrippt und liegt mindestens einmal pro Jahr mit einer Lungenentzündung flach. Nach eigener Aussage ist ihm das allerdings egal. »Ich weigere mich, irgendeinem Garderobenfrollein fünfzig Cent zu zahlen, damit sie meinen Hut an einen Haken hängt. Ich würde nichts sagen, wenn sie das Geld wenigstens behalten dürfte. Darf sie aber nicht. Keinen Penny. Den Großteil der Beute streicht das Restaurant ein, und der Rest geht an irgendeinen finsteren Verein in Chicago, der die Konzessionen kontrolliert.«

Meine Frau kriegt von mir reichlich Haushaltsgeld und hört mich daher immer laut und verzweifelt ächzen, wenn wir auswärts essen und sie plötzlich feststellt, daß sie keine Zigaretten bei sich hat. Mir bleibt dann nämlich nichts anderes mehr übrig, als für die Zigaretten, die ich an jeder Ecke für fünfundzwanzig Cent bekäme, einem dieser

Minirock-Häschen einen Dollar auf den Bauchladen zu legen. Fünfundsiebzig Cent verpulvert! Fast so viel, wie der Martini kostet, den ich nach solchen Transaktionen immer dringend brauche.

Im wirklichen Leben ist Jack Benny ein außerordentlich großzügiger Mensch, obwohl er auf der Bühne einen elenden Knauser mimt, der Kopf und Kragen für einen lumpigen Dollar riskieren würde. Die Leute lachen sich über seine Knausrigkeit kaputt und finden es offenbar irrsinnig lustig, daß er Geld als etwas betrachtet, das man nicht sinnlos vergeuden sollte. Na, wir werden ja sehen, wer zuletzt lacht!

Der große Fred Allen (der uns heute mehr fehlt denn je!) mietete eines Sommers ein Ferienhaus in Maine – er wollte es für die ganze Saison haben und mußte, da er Schauspieler war und der Besitzer aus Maine stammte, die gesamte Miete von dreihundert Dollar im voraus zahlen. Anfang Juni fragte eine der großen Zeitungen bei Fred an, ob er für zweitausend Dollar Honorar wöchentlich drei bis vier kurze Kolumnen für sie schreiben wolle. Damals waren zweitausend Dollar noch sehr viel Geld, aber Fred lehnte das Angebot ab. Ich fragte ihn nach dem Grund. »Ich habe dreihundert Dollar für das Häuschen oben in Maine bezahlt«, sagte er, »und um die Kolumnen schreiben zu können, müßte ich in New York bleiben. Ich würde dreihundert Dollar verlieren.«

Die Zeitung erhöhte ihr Angebot auf dreitausend Dollar. Fred lehnte erneut ab. Daraufhin bot man ihm viertausend, aber Fred bleib bei seiner Haltung.

»Warum pfeifst du nicht einfach auf die dreihundert Dollar«, fragte ich ihn. »Nimm eines deiner Wochengehälter von der Zeitung und kauf dir die ganze Hütte.«

Aber Allen hatte nun mal eigenwillige Ansichten, wenn es ums Geld ging. Er war ungemein großzügig, konnte jedoch Verschwendung nicht ausstehen. Außerdem war er ungemein stur. »Ich habe dreihundert Dollar bezahlt, um den Sommer in diesem Haus verbringen zu dürfen«, sagte er, »und ich wüßte nicht, weshalb ich dem Vermieter irgendwas schenken sollte!«

Als ich im Rahmen des *Orpheum-Circuit* auf Tournee war, stand ich eine Spielzeit lang mit einem brillanten Komiker namens Doc Rockwell auf der Bühne. Doc hatte seine eigene Sparmethode entwickelt: Während unseres einwöchigen Gastspiels in Chicago kaufte er sechs blaue Serge-Zweireiher für insgesamt hundertfünfzig Dollar, und sofern Sie irgendwas von Mathematik verstehen, kommen Sie auf einen Stückpreis von fünfundzwanzig Dollar. Doc trug jeden der Anzüge etwa einen Monat lang, bis sich erste Flecken und Verschleißerscheinungen zeigten, und warf ihn dann weg. Seine Argumentation war bestechend. »Auf diese Weise«, erklärte er, »spare ich mir die Kosten fürs Reinigen und Bügeln und trage außerdem immer einen nagelneuen Anzug.«

Früher, als die Bretter unter unseren Füßen noch nicht die Welt bedeuteten, sondern Lebensgefahr, aßen Schauspieler wie wir gewöhnlich in Automatenrestaurants zu Mittag. In diesen Restaurants konnte man vorzüglich essen – und kann das bestimmt auch heute noch, wenn man nicht Groucho Marx heißt und wegen der Autogrammjäger leider draußen bleiben muß. Jahrelang hatte ich meiner Tochter Melinda von diesen herrlichen Restaurants vorgeschwärmt. Ich erzählte ihr, man müsse sich bloß ein paar Münzen vom Kassierer holen, diese in unterschiedliche Schächte stecken und halte – Simsalabim – ein Mahl in den Händen, das sogar Königen das Wasser im Mund zusammenlaufen ließe (wenn es in Automatenrestaurants Könige gäbe).

Zu meinem letzten Besuch in New York nahm ich Melinda mit. Als wir mittags auf dem Weg zu einem wirklich teuren Restaurant waren, fragte sie mich, ob wir nicht in einem Automatenrestaurant essen könnten. Ich sagte: »Nein, das würde dir nicht gefallen. Da ist es immer brechend voll, und das Essen ist auch nicht berauschend.«

»Aber, Daddy«, sagte sie, »du hast mir doch erst vor ein paar Wochen erzählt, das Essen sei genausogut wie in jedem anderen New Yorker Restaurant.«

Damit saß ich in der Falle. Man kann sich nicht vorstellen, welchen Druck Kinder auf ihre Eltern ausüben können – solange man keine Kinder hat. Bevor ich einen klaren Gedanken fassen konnte, stand ich schon vor dem Kassierekäfig bei *Horn and Hardart's Automat* und wechselte genügend Kleingeld für zwei Mahlzeiten.

Kein *21*- oder *Pavillon*-Besuch hätte Melinda in solch helle Aufregung versetzen können; sie rannte herum und ließ Münzen in die Schächte fallen, als müsse sie die letzte Mahlzeit ihres Lebens zusammenstellen. Ich entschied mich für ein Roastbeef-Sandwich und steckte behutsam zehn Fünfcentstücke in den entsprechenden Schacht, aber aus irgendwelchen Gründen ließ sich die kleine Glastür nicht öffnen. Vorsichtig klopfte ich mit einer Münze gegen die Scheibe, aber die Tür rührte sich noch immer nicht vom Fleck. Ich versuchte es erneut, diesmal etwas kräftiger und mit der Faust. Sekundenbruchteile später kam ein stämmiges Weib hinter der Glasfassade hervor und donnerte auf mich zu.

»War'n Sie das, der da ehm an mein Fenster gebollert hat?«

»Allerdings«, erwiderte ich.

»Ach, und Sie wissen nich, daß man da fuffzich Cent reintun muß, wenn man'n Rostbeef-Sandwitsch haben will, oder was? Was soll'n das, hä? Sin' Sie doof oder was? War'n Sie nicht auffe Schule?«

Einige der anderen Gäste hatten mitbekommen, daß es Streit gab, sich um uns versammelt und mich bedauerlicherweise erkannt. Ich versuchte, sie nicht zu beachten, und bat erneut um mein Sandwich.

Die Kaventsfrau sagte: »Jezz hör ma zu, Freundchen. Soiche Typen wie dich ham wir hier jeden Tach. Du denks wohl, nur weil das hier'n Automadenrestaurant ist, kanns du dir alles erlauben, oder was!?«

Inzwischen hatte sich eine ansehnliche Menschenmenge um uns versammelt. Ein Küchenjunge drängelte sich nach vorn und erkannte mich. »He«, sagte er, »Sie sind doch'n Fernsehstar, oder? Was streiten Sie sich hier mit der armen Frau um so'n lausigen Nickel? Und überhaupt, was ham Sie eintlich in so'm Drecksladen zu suchen? Wenn ich so viel Kohle hädde wie Sie, wür'n Sie mich bestimmt nich in so 'ner Klitsche erwischen!«

Würdevoll entgegnete ich: »Ich habe dieses Lokal aufgesucht, weil meine Tochter in einem Automatenrestaurant speisen wollte.«

»Ach nee?« sagte er höhnisch. »Wo soll'n die sein, Ihre Tochter?«

»Irgendwo dort drüben«, sagte ich. Ich konnte nicht wissen, daß Melinda sich unmittelbar nach Beginn des Tohuwabohu verdrückt hatte und draußen auf mich wartete, um nicht in eine peinliche Situation zu geraten. Vermutlich rechnete sie damit, daß ich bald nachkommen würde. Kopfüber.

Ich stritt weiter mit dem Küchenjungen und der Catcherin. Einige der Zuschauer setzten der Situation die alberne Krone auf, indem sie mich um Autogramme baten. Wild entschlossen, meine Aufmerksamkeit zu erregen, zerrte eine schwergewichtige Dame hinter mir an meinen Rockschößen. Ich konnte von Glück sagen, daß sie nicht meinen Hosenboden erwischt hatte, sonst hätte ich den Rest des verbalen Schlagabtausches in Unterhose bestreiten müssen.

Der Abteilungsleiter (oder Geschäftsführer, oder was auch immer er darstellen sollte) gesellte sich zu uns und sagte: »Mr. Marx, Ihre Filme haben mir immer viel Spaß gemacht, aber wieso stellen Sie sich jetzt wegen fünf Cent dermaßen an? Sie sollten sich was schämen.«

»Wieso«, fragte ich empört, »nur, weil ich mein Roastbeef-Sandwich haben will?«

»Unsere Maschinen irren sich nicht«, sagte er. »Wenn Sie zehn Fünfer eingeworfen hätten, würden Sie schon lange ein Roastbeef-Sandwich in der Hand halten, wie Sie es besser in ganz New York nicht bekommen.«

Die Frau, die hinter der Glaswand hervorgebrochen war, mischte sich ein. »Er hat bloß neun reingesteckt«, sagte sie, »obwohl er weiß, daß 'n Rostbeef-Sandwitsch zehn kostet! Warum steckt der nich noch'n Nickel rein und holt sich sein lausiges Sandwich?«

Der Geschäftsführer drehte sich vorwurfsvoll zu ihr um. »Ich höre wohl nicht recht! Sie nennen unsere Sandwiches *lausig*?«

»Nein, Sir, nein, ich meinte nich, daß die Sandwiches lausig sind«, erklärte sie hastig. »Ich hab nur gemeint, daß er 'n lausiger Geizkragen is, weil er den ein' lausigen Nickel nich rausrückt.«

Durch all das verbale Hin und Her, das Hinkritzeln von Autogrammen und die Sorge um Melinda, die inzwischen Mädchenhändlern in die Hände gefallen sein konnte und sich vielleicht schon auf dem Seeweg nach Brasilien befand, war meine Bereitschaft zur Kapitulation gewachsen.

»Es geht nicht um den Nickel, es geht ums Prinzip«, sagte ich. »Also geben Sie mir meine fünfzig Cent zurück, dann gehe ich in irgendeine Kneipe, in der man mich so zuvorkommend behandelt, wie es einem Star wie mir gebührt!«

Die Frau ließ neun Münzen in meine geballte Hand rieseln. Ich warf das Geld in die Luft und sagte: »Da! Sehen Sie: So wenig bedeutet mir Geld!«

Dann stampfte ich hinaus, sammelte Melinda ein und ging mit ihr ins Colony, wo wir für 27 Dollar 60 wirklich vorzüglich speisten. Und die ganze Welt soll wissen, daß ich nie wieder ein Automatenrestaurant betreten werde, solange diese Figuren nicht den Anstand besitzen, mir den Nickel zu überweisen, den sie mir schulden.

3.
Über Glück

Ohne Glück kein Erfolg. Selbst wenn man mit Einsteins Gehirn, Barney Baruchs Geschäftssinn und Thoreaus Weisheit gesegnet ist, muß man die Glücksfee an seiner Seite wissen – andernfalls kann man genausogut gleich im Bett bleiben und den Gashahn aufdrehen.

Diese Feststellung ist nicht auf meinem Mist gewachsen. Sondern auf dem von Schopenhauer, der obenstehendes – wenigstens sinngemäß – im Rahmen einer Wildschweinjagd in den Schwarzwald fluchte. Meines Wissens steckt in diesem hingehauenen Satz kein Körnchen Wahrheit (dem Satz über Schopenhauer, meine ich), trotzdem habe ich keine Bedenken, ihn zu veröffentlichen. Seit dieser durchgedrehte Russe die Luft mit allen Arten von abwegigem Abfall verpestet, kann sowieso niemand mehr den Wahrheitsgehalt irgendwelcher Bemerkungen von irgendwem über irgendwas überprüfen. Und nun, da wir diese völlig zusammenhanglose Einleitung überstanden haben, wollen wir uns der Beziehung zwischen Glück und Erfolg zuwenden.

Falls Sie nicht nur Glück haben, sondern zudem auch Talent, tja, mein Lieber, dann sind Sie fein raus! Die Welt wird zu Füßen ihrer Türschwelle liegen und Ihnen alles aus den Händen reißen, was Sie ihr anzubieten haben. Shakespeare hat genau dies bereits vor Jahren mit folgenden Worten auf den Punkt gebracht: »Der Strom der menschlichen Geschäfte wechselt; nimmt man die Flut wahr, führet sie zum Glück.« So einfach ist das. Man muß zur rechten Zeit am rechten Ort sein, sollte jedoch, wenn es soweit ist, etwas auf der Pfanne haben.

Als Hollywood noch in seinen protzigen Kinderschuhen steckte und praktisch jeder Film, der weltweit im Kino lief, aus einem der fünf großen Studios stammte, warfen die Großverdiener mit Geld um sich, als druckten sie das Zeug selbst. Wer irgend etwas auf sich hielt, spielte Polo. Die meisten spielten zwar schlecht, fielen aber offenbar rasend gern vom Pferd, und wer sich dabei ein Bein brach, wurde umgehend erschossen.

Einer der Studiobosse war so verrückt nach dem Spiel, daß er ständig mit einem unter den Arm geklemmten Poloschläger herumlief. Um in Form zu bleiben, schickte er bei Drehbuchbesprechungen gelegentlich einen seiner billigeren Autoren auf die Knie und ritt dann auf dem Esel durchs Büro. Der Schreiberling war natürlich nicht begeistert, für ein Pferd einspringen zu dürfen, hatte jedoch keine Wahl. Er brauchte den Job. Zum einen war er ein lausiger Autor, zum anderen stand er bei seinen drei Ex-Frauen mit den Alimenten fürs Vorjahr in der Kreide.

Dann wurde die Einkommensteuer erhöht. Je höher die Sätze wurden, desto seltener wurden die Pferde. Koppelweise zogen die Poloponys nach Süden und landeten in den Stallungen südamerikanischer Diktatoren. Die paar verbliebenen Klepper landeten auf dem Grill. Wer nie eine gegrillte Poloponykeule probiert hat, der versteht nichts vom Leben – aber das nur am Rande. Als gesellschaftlicher Höhenmesser jedenfalls hatte Polo ausgedient, also begannen die Stars, sich nach billigeren Methoden umzusehen, um einander zu beeindrucken.

Dabei stießen einige auf Tennis. Eine Sportart, die praktisch jeder beherrschen und bezahlen konnte. Man brauchte nicht mehr als ein Schweißband, etwas Schweiß, ein Paar Tennisschuhe, eine weiße Flanellhose, einige Schläger und, ach ja, einen Tennisplatz.

Einige der Jungs wurden wirklich gute Spieler. Einer meiner Bekannten (Theodore Flunk, falls es jemand wissen will) war so versessen darauf, der beste Spieler der Stadt zu werden, daß er all seine Orangen- und Zitronenbäume und sogar seine Kumquats ausreißen und sich einen Tennisplatz in den Garten bauen ließ. Er war Junggeselle und lebte allein in einem sehr schönen Haus, das von einem japanischen Boy gepflegt und in Ordnung gehalten wurde.

Mr. Flunk machte es sich zur Gewohnheit, allmorgendlich vor dem Aufbruch ins Studio einen oder zwei Sätze zu spielen. Er war zuversichtlich, als Tenniskanone bald auf den Chefsessel des Studios hochzuschießen.

Problematisch war allerdings, daß in aller Herrgottsfrühe kaum jemand Tennis spielen konnte oder wollte, und ohne Gegner konnte Flunk keine Bälle schlagen, beziehungsweise höchstens einmal schlagen, weil niemand sie zurückschlug. Verzweifelt fragte er seinen Boy, ob der mit ihm spielen wolle. Breit lächelnd zeigte der Boy seinem Boss die Zähne, verneigte sich tief und sagte, er fühle sich außerordentlich geehrt, seinem werten Gebieter auf dem Wege zu spielerischer Vollkommenheit behilflich sein zu dürfen.

Überraschenderweise spielte der Boy recht gut – zwar nicht gut genug, um seinen Boss schlagen zu können, wohl aber gut genug, um die Partien interessant zu gestalten. In der Regel gewann sein Arbeitgeber mit 6:1

oder 6:2. Nur sehr selten, wenn der Boss eine harte Nachtschicht mit einer hübschen Kratzbürste hinter sich hatte, endeten die Sätze 6:3 oder 6:4.

Eines Nachmittags kam Mr. Flunk unerwartet nach Hause und sah gerade noch, wie sein Boy drei Flaschen teuren Scotch in seinem Fiberkoffer verschwinden ließ. Er war wütend. Welch schändlicher Vertrauensbruch! Er hatte den Jungen großzügig entlohnt, ihm ein behagliches Quartier in seinem Haus geboten und die Speisekammer zur freien Verfügung überlassen. Was, fragte er sich, blieb von den Vorzügen des Junggesellendaseins, wenn der Hausdiener die Schnapsflaschen verschwinden ließ? Um ausgeraubt zu werden, brauchte man doch bloß zu heiraten.

Und so erklärte Mr. Flunk seinem orientalischen Schlitzohr und Diener beherrscht, aber frostig, in genau zwei Wochen sei seine Tätigkeit im Hause beendet. Er wies ausdrücklich darauf hin, er sei nicht wütend, sondern bloß furchtbar, furchtbar verletzt. Er erklärte diesem mißratenen Sohn des fernen Osten, wer seinem Arbeitgeber drei Flaschen besten Scotch klaue, bringe vor allem dessen Vertrauen gehörig ins Wanken und sei daher gut beraten, umgehend seinen Kimono und seine Tennisschuhe zu packen und das Weite zu suchen.

Auf sein Tennismatch wollte er natürlich trotzdem nicht verzichten, also gingen die beiden am nächsten Morgen wie üblich auf den Platz. Der Boy brauchte knapp zwölf Minuten, um Mr. Flunk mit 6:0, 6:0 von der Platte zu putzen. Deutlicher kann man nicht verlieren, wie jeder Tennisfan weiß.

Am ersten Tag schrieb Mr. Flunk diese schimpfliche Niederlage reinem Pech zu. Am zweiten Tag bezog er eine weitere schmerzliche 6:0-6:0-Abreibung und schrieb diese dem Starlet zu, mit dem er am Vorabend gebalgt hatte. Nachdem er auch am dritten Tag mit demselben Ergebnis wie an den ersten beiden Tagen verloren hatte, dämmerte ihm allmählich, daß sein schlechtes Abschneiden unmöglich allein auf Fortunas Wirken zurückzuführen sein konnte.

Um es kurz zu machen: Die beiden spielten an jedem der folgenden vierzehn Tage gegeneinander, und der Boss gewann während der gesamten Zeit kein einziges Spiel.

Zum Abschied knöpfte sich der Ex-Arbeitgeber seinen untreuen Ex-Diener vor. »Wieso habe ich dich früher jeden Tag geschlagen und in den letzten beiden Wochen keinen einzigen Satz gewinnen können? Nicht mal ein Spiel!«

»Tja, Sir«, grinste der Boy und bleckte zwei Reihen großer, makelloser Zähne, »solange ich bei Ihnen beschäftigt war, habe ich mich bemüht, jedem Ihrer Wünsche zu entsprechen. Das gebietet die asiatische Höflichkeit. Es bereitete Ihnen Freude, gegen mich zu gewinnen. Also verlor ich. Das ist mir nicht immer leichtgefallen. Aber als Sie mich dann entlassen hatten, Sir, gab es für mich keinen Grund mehr, Sie gewinnen zu lassen.«

»Das stimmt wohl«, räumte Mr. Flunk geknickt ein, »aber ich gelte allgemein als recht passabler Tennisspieler. Wie kommt es, daß du mich so problemlos schlagen konntest?«

»Ah, das.« Der Boy verneigte sich. »Sir«, sagte er, »ich war nicht immer Diener. Es ist noch nicht lange her, da bin ich aus Japan hergekommen und habe jeden Tag Tennis gespielt, überall in Amerika. Damals, Sir, war ich allerdings noch Kapitän der japanischen Tennisnationalmannschaft.«

4.
Über Talent

Vor einigen Jahren wurde die alljährliche Ziegfeld-Revue in Boston uraufgeführt. Es war eine denkwürdige Premiere, aber andererseits beschwört natürlich die Erinnerung an jede Ziegfeld-Premiere gute Geister herauf, wie Mr. Jessel es formulieren würde.

Man muß nur Ziegfeld sagen, und schon kann man sich alle weiteren Worte sparen: Er hatte die hübschesten Mädchen, die prächtigsten Bühnenbilder und die besten Komiker.

Ich werde den Namen der Hauptdarstellerin nicht verraten, aber obwohl bei diesem Musical sogar die Bühnenarbeiter nach optischen Gesichtspunkten ausgewählt worden waren, strahlte sie als eine der schönsten Traumfrauen aller Zeiten von der Bühne. Sie war nicht allzu begabt, konnte jedoch recht gut singen und tanzte ebensogut wie die meisten anderen Revuetänzerinnen, was nicht viel heißen will.

Leider standen wir uns nicht besonders nah oder, besser, glücklicherweise, denn sie trank gern und viel, und ich nicht. Außerdem ließ sie sich von einem brasilianischen Plantagenbesitzer aushalten. Sie war keine Alkoholikerin, brauchte jedoch vor und während der Vorstellung drei oder vier kräftige Züge aus der Pulle.

Der erste Akt begann mit einer ländlichen Szene. Die Bühne ertrank in Rosen, und die Gartenschaukel, auf der unsere kleine Freundin saß, war mit so vielen Blumen geschmückt, daß man die gesamte erste Reihe darunter hätte begraben können. Das Liedchen, das diese ewig lokkende Portion geballte Weiblichkeit beim fröhlichen Hin- und Herschaukeln über den Köpfen des Publikums trällerte, war von so ergreifender Schlichtheit, daß sie es selbst geschrieben haben mußte: *»Swing me high, swing me low, swing me over the garden wall.«*

Aber den Leuten war egal, was sie sang. Sie hörten gar nicht zu. Sie kuckten bloß. Fast alle verheirateten Männer im Publikum starrten wie hypnotisiert zu der Schönen hoch, und fast alle verheirateten Frauen im Publikum starrten ihre Männer an.

Während der vergangenen zwei Wochen in Philadelphia hatte man ihre kleine Darbietung immer artig beklatscht. Am Premierenabend in Boston jedoch schien ein seltsamer Zauber das Theater zu erfassen, und der Applaus war ohrenbetäubend. Wieder und wieder ging der Vorhang hoch, und insgesamt achtmal mußte die Schöne ihr Liedchen wiederholen und ihre schönen Beine über dem Publikum schlenkern.

Die anderen Schauspieler standen zum einen in der Kulisse und zum anderen vor einem Rätsel. Woher rührte diese ungewöhnliche Begeisterung? Die Bühnenarbeiter waren verwirrt. Ziegfeld staunte. Wohl nie zuvor hatte man solch hemmungslose Beifallskundgebungen von Theaterwänden widerhallen hören.

Was hatte sie dem Liedchen nur hinzugefügt, daß es das Publikum gerade an diesem Abend in Raserei versetzte?

Tatsächlich hatte sie überhaupt nichts hinzugefügt. Sie hatte bloß etwas weggelassen. In jener denkwürdigen

Nacht hatte sie etwas häufiger als sonst ins Glas geschaut und hochprozentig benebelt vergessen, ihr Höschen anzulegen.

Und die Moral von der Geschicht' ist eine dreifache: Wenn man Talent hat, kommt es früher oder später zum Vorschein; es zahlt sich nicht aus, sein Licht unter den Scheffel zu stellen; und wer durch Addition nicht zum gewünschten Ergebnis kommt, sollte es mit Substraktion versuchen.

5.
Über Polygamie (und wie man sie erreicht)

Menschen und Regierungen haben vieles gemein. Auch letztere irren, und das zuweilen gewaltig. Einen der größten Schnitzer des vergangenen Jahrhunderts erlaubte sich die US-Regierung, als sie den Mormonen die Polygamie untersagte – und für den Fall der Zuwiderhandlung mit Strafe drohte.

Falls Sie zufällig amerikanische Frühgeschichte studieren, was ich bezweifle, weil Sie in dem Fall Besseres mit Ihrer Zeit anzufangen wüßten, als sie mit Schwachsinn wie diesem hier zu vertrödeln, wissen Sie, daß es ursprünglich einen praktischen Grund für die mormonische Polygamie gab. Die Männer waren eindeutig in der Unterzahl, und um sicherzustellen, daß immer genügend Nachkommen durch die Gegend tollten, durften (oder besser: mußten) die Männer möglichst viele Frauen haben.

Da es mir leider nicht vergönnt war, damals dabeizusein, weiß ich nur sehr wenig über diese Epoche; immerhin habe ich aber in keinem der von mir zu Rate gezogenen Werke einen Hinweis darauf gefunden, die Mormonenfrauen seien unzufrieden gewesen.

Zu meinem Leidwesen verschwindet der schöne Brauch der Vielweiberei inzwischen auch in anderen Ländern zusehends. In manchen gab es Harems, in anderen Konkubinen. In einigen Ländern ließen die Männer einfach alle euphemistischen Masken fallen und hielten sich an gefallene Mädchen.

Worauf ich hinauswill, ist, daß die Männer in den meisten Ländern noch immer eine abgewandelte Form der Polygamie betreiben, allerdings unter anderem Namen. In Frankreich beispielsweise ist ein verheirateter Mann mit Freundin nichts Ungewöhnliches. Erlaubt er sich allerdings zudem ein Techtelmechtel mit einer außenstehenden Schnepfe, zieht sich der Ehemann, Liebhaber und Betrüger in einem den gerechten Zorn sowohl seiner Frau als auch seiner Geliebten zu und hat allerbeste Aussichten, mit einem langen französischen Brotmesser im Brustkorb zu enden.

In den romanischen Ländern, wo die Kirche großen Einfluß hat, ist es praktisch unmöglich, geschieden zu werden. Ich weiß nicht, wie die dort lebenden Männer es anstellen, aber auf ihre außerplanmäßigen Betätigungen scheinen die herrschenden Zwänge nicht den geringsten Einfluß zu haben. Kein Edikt hält einen gesunden, heißblütigen Mann davon ab, jedes bildschön vorbeiwackelnde Stück Jungfleisch lüstern anzustarren. Mir ist klar, daß diese Beobachtung weder welterschütternd noch originell ist, aber immerhin handelt es sich um etwas, das alle Männer verstehen und die meisten Frauen partout nicht glauben oder gar hinnehmen wollen.

Es liegt mir fern zu behaupten, alle amerikanischen Männer seien ihren Frauen untreu. Ich glaube *au contraire,* daß die meisten Männer auf ihre Weise treu sind. Wie schon Horaz (mit freundlicher Unterstützung von Ernest Dowson) sagt: »Ich war dir treu, Cynara, auf meine Weise.« Das sagt eigentlich alles, und Horaz sollte sich was schämen.

Ich habe Horaz lediglich zitiert, um Ihnen zu beweisen, daß auch ich, der ich bloß ein unbedeutender Vaudeville-Schauspieler bin und die besten Jahre meines Lebens in etlichen der stinkigsten, muffigsten amerikanischen Käffer vergeudet habe, aus nackter Verzweiflung und Langeweile meine Klassiker überflogen habe. Und Sie, werter Leser, sollten jetzt vielleicht einsehen, daß selbst ein Bettler, der sich vom Bodensatz der Gelehrsamkeit aus hochgedient hat (wenn auch halbherzig), Ihnen möglicherweise etwas mehr zu erzählen hat als nur die Geschichte des prosaischen Geschlechtsaktes und seiner Verkomplizierungen. Und bitte verzeihen Sie mir, daß ich den Geschlechtsakt als prosaisch bezeichnet habe! Prosaisch, also wirklich! Welch unpassendes Adjektiv für diese grandiose Erfahrung, die Mutter Natur erfunden hat, um unsere Rasse auf den Beinen und gelegentlich auf dem Rücken zu halten.

Aber weiter im Text: Der Durchschnittsmann von heute unterdrückt seine elementaren, natürlichen Bedürfnisse mit aller Macht – sei es aus Feigheit, sei es aus Angst vor gesellschaftlicher Ächtung oder drohenden Alimentezahlungen, sei es, weil er möchte, daß die Familie weiterhin unter einem Dach zusammenlebt.

Ich habe im Laufe meines Lebens bestimmt sieben oder acht Millionen Wörter über das drängende Verlangen des Durchschnittsmannes nach einer anderen Frau als seiner eigenen gelesen. Eigenartigerweise bin ich nur sehr selten auf Artikel über Frauen gestoßen, die sich nach etwas anderem sehnten als ihrem Mann.

Der verheiratete Durchschnittsmann (sprich: Blödmann) mit kaum mehr vorhandenem Haaransatz, Zweistärkenbrille und gereifter Wampe kann sich kaum vorstellen, daß auch seine kleine Frau, die Gute, von erregenden Gefühlen (aus zweiter Hand) durchschaudert wird, wenn sie sieht, wie Rock Hudson oder Tony Curtis das liebreizende Geschöpf in seinen Armen mit einem langen, zärtlichen, allen Lippenstift verschmierenden Schmatzer zu verführen beginnt. Wen wundert es, daß sie, statt in jenem aufgetakelten Filmpalast zu hocken, Popcorn zu mampfen und einen Klumpen getrockneten Kaugummis mit dem rechten Fuß vom linken zu kratzen, lieber in Rocks oder Tonys Armen läge und für das ahnungslose, blasse Balg einspränge, das er in aller Öffentlichkeit mit Anzüglichkeiten zu vergewaltigen sucht?

Stellen Sie sich den Durchschnittshaushalt am grauen, dämmrigen Alltagsmorgen vor, wenn der Mann zur Arbeit aufbricht. Zum Abschied wirft er seiner Frau einen schlecht gezielten Kuß zu, der unweigerlich auf ihrem linken Ohr landet. Das ist wahrlich kein Ersatz für die inbrünstigen Küsse, mit denen er damals, auf dem Rücksitz seines sechs Jahre alten Buick, um sie geworben hatte. Verständlich, denn Männe ist geringfügig in Schwulitäten. Er muß schleunigst ins Büro und dort versuchen, die Nymphomanin, die sich von ihm alles diktieren läßt (und offiziell als seine Sekretärin gilt), zum Einnehmen jener oralen Verhütungsmittel zu bewegen, die er unter der Hand von einem befreundeten Apotheker gekauft hat, weil andernfalls er und sie sowohl beruflich als auch gesellschaftlich erledigt wären und unter Umständen den Rest ihres Lebens gemeinsam verbringen und von den kümmerlichen Almosen dahinvegetieren müßten, die die Regierung an all jene verteilt, denen nichts geblieben ist, nicht einmal Arbeit.

Kehren wir auf die Ranch zurück und fragen wir uns, ob nicht auch die kleine Frau, die Rock und Tony zwischenzeitlich drei Stunden lang beim intensiven Schäkern mit theoretischen Jungfrauen zugesehen hat, Sehnsucht nach etwas Jüngerem und Frischerem als ihrem Gatten empfindet. Jemandem ohne Bauch und mit Haaren (und zwar nicht auf dem Bauch, sondern auf dem Schädel).

Ist ihm während all der nutzlosen Stunden im Büro nie der Gedanke gekommen, auch seine Frau könnte sich im Laufe des Tages, besonders, wenn die Kinder in der Schule oder bereits auf dem College sind, gewissen Versuchungen ausgesetzt sehen? Auch durch ihre Adern tanzen rote Blutkörperchen. Auch sie würde gern wieder einmal das prickelnde Gefühl genießen, muskulöse, behaarte Arme um ihren Brustkorb zu spüren. Auch sie empfindet die beiläufigen Abschiedsküßchen am Morgen und die allabendliche Heimkehr ihres gleichgültigen Faulpelzes nach einem fruchtbaren Tag im Büro inzwischen nicht mehr als besonders anregend. Um sie herum sind Schlachter, Bäcker, Milchmänner und Fernsehmechaniker. (Letztere verbringen, sofern mein Zuhause als repräsentativ gelten darf, mehr Zeit in den Wohnzimmern fremder Frauen als in ihren eigenen.) Einige dieser Männer sind jung, gut gebaut und – vorsichtig formuliert – aufgeschlossen. Mag sein, daß ihre Anzüge nicht so prachtvoll aussehen wie die von Rock und Tony, ihre Löckchen nicht so gleichmäßig fallen und ihre Worte nicht so romantisch klingen, aber unter ihrer rauhen Arbeitsschale sind auch sie nur Männer, deren Leidenschaften und Sehnsüchte sich in nichts von denen der teuersten Leinwandhelden unterscheiden.

»Unglücklicherweise ist es die Jagd selbst, die dem Liebenden wie dem Jäger Vergnügen bereitet, und die strahlendste Schönheit wird der Hälfte ihrer Reize beraubt wie die Blume ihres Duftes, wenn die begierige Hand sie allzu mühelos zu brechen vermag. Zweifel braucht es; Schwierigkeiten und Gefahren.« (Sir Walter Scott)

Habt Dank, Sir Walter. Etwas so Herausragendes ist mir seit langem nicht mehr unter die Augen gekommen, und ich freue mich diebisch, daß Sie nicht mehr urheberrechtlich geschützt sind und ich keinem Halsabschneider von Verleger für die geklaute Feststellung Geld in den Rachen schmeißen muß. Sie, Sir Walter, haben in sechs Zeilen zusammengefaßt, was ich auf meine stümperhafte, umständliche Art und Weise nun schon seit sechs Seiten auszudrücken versuche.

Augenscheinlich hat sich der männliche Normalverbraucher nicht nennenswert geändert seit Sir Walter diese unsterblichen Worte niederschrieb. Er taugt noch immer nichts. In moralischer Hinsicht ist er noch immer nichts weiter als eine Kreuzung aus Bastard und Promenadenmischung.

Ihnen ist hoffentlich bewußt, daß die meisten meiner Bemerkungen über Ehefrauen reine Mutmaßungen sind und daher nicht allzu ernst genommen werden sollten. Vermutlich ist jede dieser Damen halbwegs ausgelastet und zufrieden mit ihrer kleinen, heilen Welt, den Mandeln und Zeugnissen der Kinder, gelegentlichen Kinobesuchen, Bridge- oder Rommépartien und ihrem Mann, dem dumpfen Rüpel, der, während ich dies schreibe, breit, dick und träge auf dem Sofa liegt und laut genug schnarcht, um sogar die Bullwinkle-Cartoon-Show zu übertönen.

Und was ist eigentlich los mit diesem Ding, das da mit weit aufgerissenem Maul und schlaff aus dem Körper baumelnden Armen wie hingeschmissen auf dem Sofa liegt? Hin und wieder stößt es ein lautes Grunzen aus und bringt so seine Vorstellung von trauter Zweisamkeit zum

Ausdruck. Falls Sie Tierfreund sind, wissen Sie sicherlich, daß schlafende Hunde häufig aufgeregt winseln und von Krämpfen geschüttelt werden, weil sie sehnsüchtig von der guten alten Zeit träumen, als sie noch Wölfe waren und den ganzen Tag Hasen hinterherjagten. Und haargenau davon, Freunde, träumt auch der angebliche Herr im Hause.

Der Mann ist unverbesserlich. Er kann die Frau seines Lebens ebensogut beim sonntäglichen Kirchgang kennenlernen wie beim Tennis oder in einem Restaurant, wo er Tag für Tag sein Mittagessen des gemeinen Geschäftsmannes herunterschlingt (Nachtisch 25 Cent extra). Mädchen sind ja angeblich überall, also kann Amors Pfeil den Mann auch praktisch überall treffen.

Was zog ihn zu ihr hin? Ihre Augen? Ihre Beine? Irgend etwas rätselhaft Weibliches an ihr, das keine andere zu besitzen schien? Sie ist jung, hübsch, romantisch und weiß sich halbwegs intelligent auszudrücken. Während die beiden einander näherkommen (natürlich auf geistiger Ebene, was dachten Sie denn?), stellen sie fest, daß sie vereint himmelhoch jauchzen vor Glück und getrennt zu Tode betrübt sind. Und sofern sie nicht so dumm ist, ihre Mutter allzu früh und unerwartet aus der Kiste hüpfen zu lassen, läuten eines nahen, glücklichen Tages die Hochzeitsglocken.

Selbst wenn die beiden noch so viele glücklich oder unglücklich verheiratete Paare kennen, erscheint es ihnen unvorstellbar, daß je etwas die Freude zu trüben vermöchte, die sie einander gegenwärtig bereiten. Zweifelten sie nämlich auch nur einen Augenblick lang an ihrem zukünftigen Glück, ließen sie sich bestimmt weder von zehn Pferden noch von ihren Vätern vor den Altar zerren.

Junge Liebe ist bekanntlich eine vorübergehende Form von geistiger Umnachtung und läßt sich nur durch sofortige Heirat kurieren. Was die bedauernswerten Naiven nämlich nicht wissen, ist, daß alle ehelichen Spannungen und Strapazen erst zum Vorschein kommen, wenn man überstanden hat, was bei der Marine treffend »Feuertaufe« heißt.

Bedenkt man, welche Fallstricke und -gruben sie erwarten, erscheint es einem schier unfaßbar, daß so viele Paare verheiratet bleiben. Zahllose Hindernisse sind zu überwinden: Kinder, die im falschen Augenblick zur Welt kommen, Kinder, die im falschen Augenblick ins Zimmer kommen, die Müllabfuhr, die diese Woche überhaupt nicht kommt – und Geldprobleme. Unterschätzen Sie nie die Bedeutung des Geldes. Der Volksmund sagt zwar, Geld mache nicht glücklich, und liegt damit unbestreitbar goldrichtig, aber wenn man alles andere für den Augenblick als gegeben voraussetzt, gibt es kaum etwas Schöneres als ein bißchen Geld im Haus oder auf der hohen Kante.

Wenn die Ehe in die Jahre kommt, wird die Bedeutung des Geschlechtslebens allmählich auf Normalmaß zurechtgestutzt. Ach, das sehen Sie anders? Na schön, dann einigen wir uns doch vielleicht darauf, daß Sex später nicht mehr ganz so wichtig ist wie während der herrlichen ersten drei Tage an den Niagara-Fällen oder an jenem Wochenende im Motel in San Antonio. Ich vermute jedenfalls, daß in normalen Haushalten fünf Jahre nach dem Ringetausch über nichts häufiger gezankt und erbitterter diskutiert wird als über Geld.

Einer meiner zynischeren Freunde, ein bekannter Arzt, erzählte mir irgendwann, einer *seiner* zynischeren Freunde (ein bekannter mitteleuropäischer Schürzenjäger) habe sich seiner glücklichen Ehe gerühmt und dies allein der Tatsache zugeschrieben, daß er die Ehe ununterbrochen breche. Der Freund des Arztes erklärte in seinem drolligem Wiener Dialekt: »Obwohl ich meine Frau liebe, betrachte ich die Ehe als Geschäftsbeziehung. Wenn ich sie betrüge, fühle ich mich natürlich immer schuldig. Und wenn ich mich schuldig fühle, beruhige ich mein Gewissen, indem ich ihr ein herrliches Geschenk mache; mal ein teures Schmuckstück, mal die Anzahlung auf einen ausländischen Wagen, hin und wieder einen neuen Pelzmantel. Wenn ich mich nicht allzu schuldig fühle, läßt mich mein Gewissen manchmal schon für fünf Pfund besten Kaviar laufen. Ich bin überzeugt, daß sie nichts von meinen Fehltritten weiß«, fuhr er fort, »aber selbst wenn sie etwas wüßte – ist sie nicht besser dran als normale Ehefrauen, die zwar treue Männer haben, aber dafür nie etwas geschenkt kriegen?«

Dies dürfte ein Einzelfall sein. Normale Ehemänner können es sich nicht leisten, ihr schlechtes Gewissen zu schmieren, denn darauf läuft das Ganze letztlich hinaus. Dieser Weg der goldenen Mittel steht nur den wirklich Wohlhabenden offen.

Zum Abschluß darf ich Lord Chesterfield zitieren, den Mann, dem Amerika schon seit Jahrzehnten eine seiner schmackhaftesten Zigaretten verdankt und der sich trotz zahlreicher Versuchungen nie dazu herabgelassen hat, Filterzigaretten aus seinen Werken rollen zu lassen. Er sagte – ich zitiere: »Es gibt zwei Gründe für die Ehe: Liebe oder Geld. Heiratet man um der Liebe willen, wird man gewiß einige sehr glückliche Tage erleben; heiratet man um des Geldes willen, wird man keine glücklichen Tage erleben, aber wahrscheinlich auch keine unbehaglichen.«

Ich habe im Laufe meines Lebens schon verständlichere Aussagen gelesen, gebe aber zu bedenken, daß Lord Chesterfield als Zigarettenhöker arbeitet und daher mit einem vom eigenen Rauch offensichtlich völlig vernebelten Denkapparat zurechtkommen muß.

6.
Über Körper (und komische Figuren)

Jahr für Jahr lese ich optimistische, enthusiastische Artikel, in denen die demnächst auf den Markt kommenden Automobile beschrieben werden. Man prophezeit uns Heckmotoren, Sitze aus Formaldehyd, Karosserien aus Molybdän und Lenkräder aus gefülltem Backwerk. (Falls man auf einer langen Reise Hunger bekommt.)

Wenn diese Kerle in Detroit alle Jahre wieder ein neues Auto herausbringen können, wieso kann dann nicht mal jemand einen neuen Menschen erfinden? Falls es je eine verbesserungswürdige Apparatur gab, dann den menschlichen Körper. Und sollte das derzeitige Modell Mutter Naturs Meisterstück sein, hat das alte Mädchen eindeutig ein paar Schrauben locker und sollte sich ein paar Jahre an einer guten Maschinenbauschule gönnen.

Fangen wir unten an und arbeiten uns langsam hoch. Hier unten haben wir die Füße. Füßen geht jegliche Schönheit ab. Würde auch nur ein einziger Leser dieser Zeilen mit einer Frau ausgehen, die seinen Füßen ähnelt? Natürlich nicht. Füße sind grundsätzlich schwielig, von ständigen Fehltritten gegen Möbel und hohe Kantsteine verbeult und brauchen dauernd neue Schuhe, Socken, Einlegesohlen, Heftpflaster und Nagelscheren.

Begleiten Sie mich für einen Augenblick in die Welt der Phantasie. Angenommen, Ihre Füße wüchsen radförmig.

Wäre das nicht der wissenschaftliche Durchbruch des Jahrhunderts? Sie könnten herumrollen und Ihre Freunde besuchen oder in den Supermarkt kurven, und wenn Sie abends von der Arbeit nach Hause kämen, könnte Ihre Frau Ihnen einen Beutel an den Hals binden und Sie als Staubsauger benutzen (wenn sie Sie nicht schon als Fußabtreter benutzt).

Und jetzt, Freunde, bewegen wir uns etwa sechzig Zentimeter nach oben und treffen dort auf was? Einen schlabbrigen Schenkel. Also bewegen wir uns ein Stück abwärts und sehen dort was? Das Knie, genau. Wozu es gut ist, hat bisher allerdings niemand sagen können. Nicht umsonst prägte der bekannte Anatom Iwan Turgeniew schon Mitte des neunzehnten Jahrhunderts den Begriff »Kniehilismus«. (Bemerkungen wie diese sind als literarische Kalauer berüchtigt und werden in der Regel mit fünfminütigem eisigem Schweigen belohnt, das der Verleger schließlich, sofern er einen Funken Sprachgefühl hat, mit einem mörderischen Tritt gegen die Kniescheibe des Autors beendet.) Trotzdem sollten wir das Knie nicht allzu lange behandeln. Funktionell betrachtet ist es eine Schande. Es renkt sich dauernd aus und muß beinahe so behutsam behandelt werden wie ein gebrauchter Rasenmäher. Es stimmt allerdings, daß das Knie früher eine wichtige Rolle bei der Balz spielte. Der Verliebte mußte vom Salonsofa rutschen und auf eines seiner Knie fallen, wenn er der Frau seiner Träume seine Zuneigung gestand. Durch die Erfindung des Verbrennungsmotors änderten sich diese Zustände allmählich. Der Rücksitz eines im städtischen Autokino abgestellten Wagens erwies sich als wesentlich praktischeres Balzfeld, und binnen weniger Jahre wurde das Salonsofa zu einer nutzlosen, mottenzerfressenen

Antiquität und das Mädchen seiner Träume vierfache Mutter. (Der Film war sehr lang.)

Der Bauch oder Wanst gehört zu den herausragendsten Teilen des menschlichen Körpers, vor allem, wenn man viel Bier trinkt. Trotzdem hätte ein heller Designerkopf das gute Stück bestimmt effizienter zusammenbasteln können. Der Bauch hat zwei Funktionen. Zum einen verhindert er, daß einem das Essen vor die Füße fällt, zum anderen – wichtigeren – verhindert er angeblich, daß einem die Hose auf die Füße fällt. Leider müssen wir alle atmen, daher rutscht die Hose bei jedem Atemzug fünf bis zehn Zentimeter nach unten und bewegt sich in Richtung Halbmast. Dies hätte sich durch eine beidseitige Verlängerung der Hüftknochen um je fünfzehn Zentimeter problemlos vermeiden lassen können. Dann blieben Hosen nämlich ohne Hilfe durch Gürtel oder Träger, wo sie hingehören, und der Hosenboden eines Mannes hinge nicht durch, als habe man ihm drei oder vier Bratpfannen hineingestopft.

Je weniger man über Arme sagt, desto besser. Sie wachsen aus dem Nichts, sie pendeln ziellos hin und her und verleihen ihrem Träger ein groteskes, unfertiges Aussehen. Sogar der häßliche Pavian, der auf dem evolutionären Stammbaum angeblich einige Äste unter dem Menschen hängt, ist besser ausgestattet. Die Arme eines ausgewachsenen Pavians sind so lang, daß er sich nicht vornüberbeugen muß, um den Boden zu erreichen, und versetzen ihn in die Lage, beim Spazierengehen Bananen zu pflücken oder Zigarettenkippen und Kleingeld aus dem Rinnstein zu sammeln, ohne dabei an Würde zu verlieren.

Der Hals ist ein kurzes Fallrohr, das zwischen den Schultern aufragt und in der unteren Kopfhälfte verschwindet.

In der Regel ist er mit einem Adamsapfel und einem schmutzigen Kragen versehen. Der Adamsapfel ist ein mittelgroßer Fleischklops, der an der Halsvorderseite auf und ab hüpft und verzweifelt nach einer Gefährtin Ausschau hält. Diese unvorteilhafte Mißbildung hat Mutter Natur aus lauter Wut über ihre verkorkste Schöpfung einfach links liegen lassen, und nun haben wir sie am Hals. Viele Männer versuchen sie mit Hilfe eines Schlipses zu verbergen, aber meist ist der Schlips noch häßlicher als der Apfel.

Man könnte wesentlich mehr mit dem Hals anfangen, wenn er mit Kugellagern ausgestattet wäre. Dann nämlich könnte sich der Kopf frei um seine eigene Achse drehen und, falls gewünscht, jederzeit wieder in seine Ausgangsposition zurückschnellen. Mit einem solchen Kugelkopf ausgestattet, wäre jeder Mann beim Spaziergang in der Lage, entgegenkommende Prachtweiber auch nach dem Passieren im Auge zu behalten und sich mit verdrehtem Kopf Gedanken über seine Nachmittagsgestaltung zu machen. Durch gelegentliches Zurückdrehen des Kopfes in die ursprüngliche Richtung ließe sich auch das Risiko verringern, mit irgendwelchen unbekannten Fußgängern zusammenzustoßen oder gar mit seiner eigenen Frau.

Damit kommen wir zu den Zähnen, den Wächtern der Mundhöhle. Der Durchschnittsverdiener gibt fünfzig Prozent seines Einkommens für seine Familie aus, fünfundzwanzig Prozent für seine Freundinnen und fünfundzwanzig Prozent für seine Beißerchen. Werfen wir nun einen Blick in den Mund eines Mannes, der gerade seinen fünfzigsten Geburtstag gefeiert hat. Und was sehen wir da? Außer einem kleinen Rest Geburtstagstorte? Richtig. Ein bemerkenswertes Sammelsurium aus Inlays, Zementfüllungen und Porzellankronen sowie eine belegte Zunge. Genaugenommen findet man fast alles, nur keine Zähne. Aber ist das die Schuld der Zähne? Nicht doch! Die Zähne sind unbeteiligte Zuschauer. Sie haben nie darum gebeten, in den Mund genommen zu werden. Wären wir nach wissenschaftlichen Gesichtspunkten konstruiert, hätten wir überhaupt keinen Mund. Jetzt fragen Sie natürlich: »Wie würden wir dann essen?« Ehrlich gesagt, weiß ich das auch nicht, aber ich werde am Wochenende mal drüber nachdenken.

Jetzt kommen wir zum krönenden Abschluß des Menschen – den Haaren. Die obere Kopfhälfte ist offensichtlich die einzige Stelle, an der Haarwuchs keine dauerhaften Erfolgsaussichten hat. In den meisten Fällen entwickelt sich der Skalp zu einer glatten, glitschigen Oberfläche, die so kahl und öde ist wie das Death Valley. Vielleicht läßt sich dieses Problem mit Hilfe von Agrarwissenschaftlern lösen. Die wenigen Bauern, die nicht Tag für Tag in Washington herumlungern und nach immer mehr Subventionen für ihren Weizen oder ihren Maiseintopf schreien, wissen schon seit langem, daß gleichbleibende Qualität von Ackerböden nur durch ständigen Fruchtwechsel zu gewährleisten ist. Hatte man also beispielsweise in einem Jahr Weizen angebaut, säte man im nächsten Jahr Roggen oder Salat oder, wenn gar nichts mehr half, Auberginen.

Sollte man nicht annehmen, daß auch die Kopfhaut auf eine solche Behandlung ansprechen würde? Im Winter ließen wir auf unseren Köpfen Haare wachsen, um dann im Frühjahr, wenn die Haare dünner würden und in die Suppe fielen, die Kopfhaut gründlich umzupflügen und Bohnen anzupflanzen. Ich rate dringend zu grünen Bohnen, denn grüne Bohnen wachsen schön kraus und schön hoch und sehen auch ungepflegt gut aus. Gegen Oktober könnte man sie schneiden und einen leckeren Salat daraus machen. Im Jahr darauf sollte man zur Abwechslung Kohl pflanzen. Man hätte dann im Winter Kopfhaar und im Sommer einen Kohlkopf. (Der Witz funktioniert genausogut mit Salat, aber den haben wir ja schon.)

Ich könnte diese Aufzählung von Mutter Naturs gräßlichen Fehlern endlos fortsetzen, wenn ich endlos Zeit hätte, bin aber sicher, daß meine Leser, nachdem sie einander einer sorgfältigen und aufrichtigen Prüfung unterzogen haben, mir werden zustimmen müssen, daß ich in allem, was ich über den menschlichen Körper gesagt habe, bestenfalls schamlos untertrieben habe.

Epilog:
Ausgeschaukelt

Die Dunkelheit verschluckt es fast, das dürre, runzlige Häuflein Mann, das in seinem antiken Schaukelstuhl aus der Prä-Kennedy-Ära ohne Unterlaß hin und her wippt. Es ist unser spitzer Lump von einst. Bedächtig zieht er an seiner tiefdunklen Meerschaumpfeife. Der Lichtschein des Kamins wird schwächer. Das winzige Feuer flackert in einem Rund aus schwach glühenden Kohlen, gleich den Leidenschaften, die einst so hell und hoch im Herzen unseres Schwerenöters loderten.

Ein feines Lächeln umspielt seine Mundwinkel beim Gedanken an seine zahlreichen Eroberungen; an die Schönen aus aller Welt, die seinem brennenden Blick und seiner flotten Figur erlagen. Vor seinem geistigen Auge tanzen sie fröhlich lachend vorbei, die Glücklichen, die ihm nicht widerstehen konnten. Die wenigen Unglücklichen, die ihn verschmähten, trotten trauervoll vorüber und fluchen dem garstigen Schicksal, das sie um die schönsten Augenblicke ihres Lebens betrog, Augenblicke, die für alle Zeit die ihren gewesen wären, hätten sie sich ein Herz gefaßt und den tollkühnen Ritt auf den Wogen der Leidenschaft gewagt. Beim Gedanken daran, wie oft er zornigen Gatten und liebestollen Jungspunden um Haaresbreite entronnen ist, wird sein Lächeln breiter.

Unser Held bereut nichts. Zeit seines Lebens hat er ungeniert aus dem Liebesquell getrunken und sich großzügig und unbefangen an jenen köstlichen Früchten gelabt, die nur zu pflücken weiß, wer keine Furcht kennt, nur die Lust am Leben, und den Gefahren off'ner Frauenarme spöttisch trotzt.

Wär's sein Begehr gewesen, so unterstünden ihm heute ganze Bataillone von Buchhaltern, Heerscharen von Soldaten oder läge seinem Hamlet das Theaterpublikum gleich reihenweise zu Füßen, aber schon von frühester Jugend war ihm ein erotisches Schicksal vorherbestimmt. Er wußte, daß seine Lebensaufgabe im nimmermüden Verfolgen des ewig listigen, ewig lockenden Weibes bestand.

Auch Jäger könnte man ihn durchaus nennen; doch nicht dem wilden Grizzly stellt er nach, nicht dem ungeheuren Elefantenbullen und schon gar nicht der fauchenden Löwin, die ihren Wurf bewacht. Die Welt betrachtet den Jäger als ewig unverbesserlichen Jüngling, als einen Burschen, der das Mannesalter nie erreicht. Ausgerüstet mit den bei seinesgleichen üblichen Utensilien – Karabiner, Machete und einem Buschklopfer mit gekräuseltem Haar – marschiert er schnurstracks in den Dschungel. Er ist allzeit bereit, unschuldige Tiere abzuschlachten, die sich ihrer Haut bloß mit Zähnen und zwei Paar kümmerlichen Klauen wehren können.

Ist dies eine Herausforderung für einen Erwachsenen? Lieber Himmel, nein! Und ebensowenig ist es eine Herausforderung, eine Frau zu besitzen, die man durch die heiligen Bande der Ehe an sich gekettet hat. Wir alle wissen, daß kaum eine Frau ihre Hand zurückzieht, wenn ein Dummkopf um sie anhält und verspricht, sich selbst gleich beide Hände bis zum Ende seines Lebens für die Geliebte blutig zu schuften. Wer mit seiner eigenen Frau schläft, schießt auf brütende Enten.

Der Sexkenner jedoch, der wahre Misogam, der Ehefeind, hat für diese bequemen Wege zur Liebe nur ein spöttisches Lächeln übrig. Was er will, will er nur für den Augenblick. Er lacht über den Ring, der bindet. Wohl wahr: Wie alle anderen sehnt auch er sich nach dem pulsierenden Körper einer Frau, aber den will er ohne Platinhaken, ohne Verwicklungen und ohne Folgen. Sobald sie sich ergibt, ist er schon wieder fort und wildert anderswo.

So überreichlich ist er von der Natur ausgestattet, daß er jedes Ziel mühelos erreicht. In seinen Armen werden alle Frauen schwach und schmelzen wie Wachs unter seinem feurigen Blick. Vor ihm sind alle gleich; er bringt sie alle zur Strecke. Das macht den wahren Jäger aus.

Aber wozu fortfahren? Es ist eine lange, wunderbare Scharade gewesen. Zwar ist er inzwischen ein betagter Wüstling, aber die Weisheit ist ihm geblieben. Er weiß nur allzu gut um den sexuellen Verfall, mit dem das Alter Helden wie Hasenfüße straft. Er kennt seine Grenzen. Und er weiß, daß er in diesem Augenblick nicht seinen Schaukelstuhl traurig knarren hört, sondern alte, morsche Knochen in einer welken sterblichen Hülle. Denn er weiß, daß all seine sogenannten Eroberungen, obwohl nicht ausnahmlos Pyrrhussiege, ihren Tribut gefordert haben.

Aber jetzt ist auch das letzte schwache Glimmen in der Asche erstorben. Seine Lider werden schwer, und rasch fällt er in tiefen Schlaf.

Nein, lieber Leser, tot ist er nicht. Aber wie Sie und ich sehr wohl wissen, macht das keinen großen Unterschied mehr.

Groucho Marx
Autobiographische Notiz

Eine Groucho-Marx-Autobiographie zu schreiben, wäre eine ebenso große Eselei, wie eine Groucho-Marx-Autobiographie zu lesen. Man kann ihn genausowenig zu Papier bringen, wie man Lawrence von Arabien aus dem heißen Wüstensand des nahen Ostens reißen und in Fettdruck setzen kann.

Man glaubt es kaum, aber die beiden haben vieles gemein. Beide hatten einen starken Zug ins Mystische. Lawrence, finster und trübsinnig, wortkarg und in sich gekehrt; Groucho, durchdringenden Blickes und ungelenken Ganges. Und doch eroberten diese zwei im Handstreich ihren Platz in den Träumen Millionen fanatischer Anhänger. Sogar der weinerliche Bube, der mit glattem Morgenantlitz wie die Schnecke ungern zur Schule kriecht, hat von ihnen gehört und gelesen.

Ich wage zu bezweifeln, daß die morbiden und überwiegend abscheulichen Spekulationen, die sich um diese beiden heroischen historischen Figuren ranken, in absehbarer Zeit oder wenigstens in ferner Zukunft ein Ende nehmen werden.

Im Unterschied zu allen anderen Generationen kann sich die gegenwärtige, obschon sie in ständiger Furcht vor weltweiter Vernichtung leben muß, außerordentlich glücklich schätzen, die Luft auf unserem Planeten zur gleichen Zeit eingeatmet zu haben, in der auch diese beiden legendären, so verschiedenen und doch so verwandten Lichtgestalten auf ihm wandelten.

Lawrence von Arabien, sattelfester als die Beduinen selbst, durch die endlosen Weiten der geheimnisvollen Wüstenwelt preschend oder gemächlich auf seinem zweihöckrigen Kamel dahinzockelnd, um seinem ungewissen Schicksal furchtlos entgegenzutreten ... und auf der anderen Seite des Globus: Groucho, der Unvermeidliche, immer gefährlich nah am Rande des Nichts balancierend, bar jeden Rosses oder Dromedars auf Schusters Rappen bald hierhin, bald dorthin trabend und dennoch, von unbezähmbarem Lebenswillen beseelt, fröhlich pfeifend die Boulevards hinunterschlendernd, den Schalk im Nacken und im Lächeln, den lüsternen Blick kokett und unwiderstehlich weibwärts gewandt ...

Eine von Grouchos Eigenschaften versöhnte mit all seinen schlechten: Obwohl er an Geschwätzigkeit normalerweise keiner sexhungrigen, frustrierten Jungfrau nachstand, konnte er, wenn die Ehre einer holden Maid auf dem Spiel stand, seine Zunge so gründlich im Zaum halten, daß keine zehn Pferde und erst recht keine Menschenhand sie zu lösen vermochten. Was dies für die verheiratete Durchschnittsnymphomanin bedeutete, läßt sich mit Worten kaum beschreiben.

Und obwohl zwischen Lawrence und Groucho Welten lagen und ich, lieber Leser, weder Hellseher bin noch irgend etwas vorherzusagen vermag, prophezeie ich, daß diese beiden sich eines Tages begegnen werden; sei es auf einem anderen Planeten, sei es auf einem Bergesgipfel, sei es beim Ritt auf einer Monsunwolke, himmelhoch über dem Indischen Ozean.

Es sind Männer wie diese, die uns zu denken geben.

Anmerkungen des Übersetzers

Irgendwann ist Schluß mit Lustig. Anders gesagt: Es kommt der Tag im Leben eines Mannes, an dem ihm die Scherze vergehen und er sich anderen Dingen zuwendet – beim einen früher, bei anderen später. Manche halten das Leben schon nach der Kindergartenreife für ernst, ernst und nochmals ernst und lachen fortan nur noch im Keller, andere lassen sich Zeit bis zur Lebensmitte, und wieder andere warten – wie Groucho – bis sie dreiundsiebzig sind. Auch in dieser Hinsicht war der berühmteste Schnauzer aller Zeiten also eine Ausnahmeerscheinung – aber irgendwann erwischt es halt jeden. Wir dürfen wohl annehmen, daß Mr. Marx kurz vor oder während der Arbeit an den »Memoiren eines spitzen Lumpen« erwischt wurde, denn mit diesem Buch endet die komische Schreiberei des obersten Marx Brother. Verwunderlich ist das nicht, bedenkt man die persönlichen Begleitumstände. Zum ersten war Groucho nicht mehr der Jüngste und konnte kaum damit rechnen, das biblische Alter von 87 Jahren zu erreichen, das er schließlich erreichte, zum zweiten war seine sagenhaft erfolgreiche Quiz-Show »You Bet Your Life«, die fast fünfzehn Jahre lang im Rundfunk und im Fernsehen gelaufen war, Ende 1961 abgesetzt worden, zum dritten war Chico, Grouchos vier Jahre älterer Bruder, im Herbst des gleichen Jahres gestorben. Komisch war das alles nicht. Was Groucho nach 1963 (mit-)veröffentlichte, waren ausgewählte Briefe (1967), die jeder lesen sollte, der meint, er könne Briefe schreiben, sowie autobiographisches Material ernsterer Natur: »The Secret Word is Groucho«, ein Hinter-den-Kulissen-von-You-Bet-Your-Life-Buch (in Zusammenarbeit mit Hector Acre), das »Marx Bros. Scrapbook« (in nicht ganz freiwilliger Zusammenarbeit mit Richard Anobile) und der wunderbare Abschiedsschmöker »The Groucho Phile« (1976), in dem der inzwischen 86jährige sein Leben zum letzten Mal Revue passieren läßt. Nein, nicht bierernst, weiß Gott nicht, aber eben auch nicht mehr so verspielt und versponnen wie in den »Memoiren« oder in seiner ersten komischen Autobiographie »Groucho und ich«.

Obwohl Groucho in letztgenanntem Werk deutlich macht, was er von Menschen hält, die sich ihre Autobiographien von Ghostwritern schreiben lassen, wird immer wieder behauptet, auch er habe nicht alles, was unter seinem Namen erschien, selbst verfaßt. Das trifft zu, soweit es sich um gelegentliche Promotion-Artikel zu Filmen der Marx Brothers handelt, nicht aber auf die in »Memoiren eines spitzen Lumpen« versammelten Texte. Groucho selbst schrieb hierzu in der Saturday Review vom 8. 2. 1964: »Jeder Groucho Marx hätte dieses Buch schreiben können, aber die nackte Wahrheit ist, daß es kein anderer Groucho Marx als ich getan hat.« Lediglich bei einem einzigen der »Memoiren«-Texte hat Mr. Marx nachweislich die Hilfe seines alten Freundes Arthur Sheekman in Anspruch genommen, nämlich bei »Was unser Land wirklich braucht«. Ob allerdings eine Überarbeitung – respektive ein unbezahltes Lektorat – schon als »Ghostwriting« gilt, bleibt dem Urteil des Lesers überlassen.

Anders als »Groucho und ich« ist »Memoiren eines spitzen Lumpen« eine Mischung aus neuen und bereits zuvor veröffentlichten Erinnerungen und Essays. Die »Verwicklungsgeschichte der Liebe« war bereits im Juli 1933 in kürzerer Form in *Liberty* erschienen, »Meine beste Freundin ist ein Hund« und »Was unser Land wirklich braucht« erschienen erstmals am 5. 4. 1942 respektive 16. 6. 1940 in *This Week*, und »Wie man im Gesellschaftsspiel gewinnt« wußten die Leser von *Liberty* bereits am 19. 10. 1940. Da Ehre zuteil werden soll, wem Ehre gebührt, gestehe ich hiermit frank und feierlich, daß ich diese Informationen Robert S. Baders vorzüglichem Vorwort zu »Groucho Marx and Other Short Stories and Tall Tales« mutwillig entnommen habe, und erlaube mir, alle interessierten (und des Amerikanischen mächtigen) Leser auf seine ausgezeichnete Auswahl von Marxschen Essays und Artikeln aus den Jahren 1925 bis 1955 zu verweisen.

Seite 18

MacArthur, Douglas (1880–1964): Soldat. Wandelte tatsächlich fluchtartig übers Wasser, als er sich im zweiten Weltkrieg von den unsicheren Philippinen kurzerhand nach Australien absetzte, und wurde später trotzdem Oberbefehlshaber der US-Truppen im Koreakrieg.

Seite 23

»Prudence« ist nicht bloß ein hübscher Name, sondern auch »Besonnenheit«.

Seite 51

Der kaum erwähnenswerte Banalschlager »Amöbe mio« heißt im Original – viel schöner – »Amoeba Wrong, But I Think You're Wonderful«. (Dem Übersetzer ist leider nichts Besseres eingefallen, aber immerhin hat er »Plattonische Liebe«, »So ist die Liebe – eben«, »Siebzehn Jahr und schon ne Platte«, »Mein Pantoffelheld«, »Eine Zelle für uns zwei« sowie den Vorschlag seines Lieblingslektors verworfen. (»A Möblpocka mecht I sein«; Tommy, ich glaube, wir müssen mal ein ernstes Wort miteinander reden ...)

Seite 53

»Union League Club«: Stockkonservativer Businessman-Club, gegründet um 1860, also nicht direkt ein Verein, dessen Mitglieder selbst in die Hände spuckten.

Seite 63

Das »Urvokabular«: Im Original schreibt Groucho in der dritten Zeile »OOscray Icquay«. Das ist erstens *Pig Latin* und zweitens phonetisch entstellt, also lesen wir »Scroo quic«, resp. »Screw quick«, genießen den zotigen Hintersinn und lassen es dabei bewenden.

Seite 74

Valentino, Vorname **Rudolph** (1895–1926), liebte für die Leinwand, geisterte in den 20ern durch die Träume zahlloser Frauen und sorgte mit seinem vorzeitigen Ableben für eine Reihe von Selbstmorden; die schöne **Tuesday Weld** (* 1943) stand von Kindesbeinen an als Model vor Foto- und seit 1956 auch vor Filmkameras.

»Frankie und Johnny«: Anonyme Ballade, die durch Mae West bekannt und berühmt wurde. Die Anfangszeile »Frankie and Johnny were lovers« führt den Hörer zunächst in die homosexuelle Irre, entpuppt sich aber bald als Scherz mit Spitznamen. Groucho mochte das Stück offenbar sehr; seine beiden Katzen hießen – Frankie und Johnny.

Seite 77

Louella Parsons und **Hedda Hopper** waren die schlimmsten und fiesesten Zeitungs-Klatschschachteln der damaligen Zeit.

Seite 83

Sonny Liston war 1962 Boxweltmeister im Schwergewicht geworden.

Seite 88

»Mr. und Mrs. Izaak Walton.« Mr. Walton war von 1593–1683 englischer Autor und wurde durch sein freundliches Dialogwerk *Der vollkommene Angler* mehr oder minder bekannt.

Seite 90

»Hat Rubirosa aufgebracht ...« Rubirosa (1909–1965) hieß mit Vornamen Porfirio und war der berühmteste Playboy und Jet-Setter seiner Zeit.

Seite 94

Elsa Maxwell: Berüchtigte Partyveranstalterin; **Amy Vanderbilt,** Tochter des berühmten Milliardärs Cornelius V.

Seite 100

Lucius Beebe war ein »Dandy« (vulgo »Geck« oder »Fatzke«), der nicht durch seine Autorentätigkeit landesweit bekannt wurde, sondern durch extravagante Macken und schrille Kleidungsstücke.

Seite 105

Nathan Pusey (* 1907) war ein hohes Tier im amerikanischen Bildungswesen und wurde 1953 Präsident der Harvard University; **Arthur Schlesinger Junior** (* 1917) war wie **Senior** (1888–1965) ein wichtiger amerikanischer Historiker und zudem Berater von John F. Kennedy.

Seite 107

Clare Booth Luce (* 1903), Botschafterin, aber auch Autorin u. a. des Stückes »The Women«, das von George Cukor mit 135 Darstellerinnen (und ohne einen einzigen Mann) verfilmt wurde. Ach, sammeln Sie zufällig schöne fremdsprachliche Wortwechsel? Hier ist einer: Als Mrs. Luce und Dorothy Parker (1893–1967), die spitzeste Zunge der damaligen Welt, gleichzeitig eine Tür erreichten, sagte Mrs. Luce lächelnd: *»Age before beauty«* und wollte der Älteren den Vortritt lassen. *»Pearls before swine«*, erwiderte Dotty und *ging* voraus.

Seite 114

George Raft (1895–1980): Finsterer, sportlicher Schönling mit Kontakten zur Unterwelt. Berühmt vor allem in den 30er und 40er Jahren *(Scarface)*, als Obermafioso zu bewundern in »Some Like It Hot«.

Seite 118

»Verblüffende Ähnlichkeit mit Aunt Jemina«: »Aunt Jemina« ist für Pfannkuchenpulver das, was Uncle Ben für Reis ist; Waren- und Markenzeichen der Quaker Oats Company; damals wie heute eine Schwarze, wie sie im Klischeebuch der Pfannkuchenhersteller steht, also zur Zeit der Niederschrift dieses Buches eher rund und gemütlich, heute die drahtige urbane Karrierehausfrau, die wahrscheinlich nicht nur ihr Pulver trocken hält, sondern im Nebenberuf auch noch Atomwaffen verkauft.

Seite 155

Charles Boyer (1899–1978): Französischer Schauspieler. Kam 1929 nach Hollywood und wurde als großer romantischer Leinwandliebhaber berühmt (oder besser: Als Liebhaber auf der Leinwand ... nein, das ist auch nicht besser ...)

Seite 185

Jack Benny (1894–1974), einer der berühmtesten amerikanischen Film-, Funk- und Fernsehkomiker (u.a. in Lubitschs »Sein oder Nichtsein«); **Fred Allen** (1894–1956), Rundfunkkomiker, Autor und Gelegenheitsschauspieler. Nicht nur von Groucho, auch von Kollegen wie James Thurber geschätzt und gepriesen.

Seite 191

Barney Baruch (1870–1965), Wirtschaftspolitiker und kriegswirtschaftlicher Berater F. D. Roosevelts; **Henry David Thoreau** (1817–1862), radikaler Nonkonformist und Individualist der frühen Stunde. (*Walden* und *Über die Pflicht zum Ungehorsam gegen den Staat* gibt's sogar auf Deutsch). Der »durchgedrehte Russe«, den Herr Marx weiter unten erwähnt, ist Nikita Chruschtschow. (Wir erinnern uns – oder auch nicht: Schuhplattler vor der UNO: 1960; Kuba-Krise: 1962).

Seite 196

»Mr. Jessel«. Gemeint ist George Jessel (1898–1981), ein mäßig erfolgreicher Vaudeville-Komödiant, der vor allem für seine ständigen Reminiszenzen und sein gestelztes Englisch berüchtigt war.

Seite 200

Ernest Dowson (1867–1900), englischer Vertreter der Dekadenz, insbesondere mit seinem Gedicht »Cynara«, aus dem Groucho hier zitiert.

Seite 207

»Zum Abschluß darf ich Lord Chesterfield zitieren …« – nicht den Erfinder der gleichnamigen Zigarettenmarke, sondern den englischen Schriftsteller und Staatsmann Philip Dormer Stanhope Chesterfield (1694–1773).

Seite 210

»Kniehilismus«. Auch hier ein kurzer Blick ins – schönere – Original: Das Knie, genau. »It toils not, neither does it shin.« Im ganzen Originalsatz: »Consider the lilies of the field, how they grow; they toil not, neither do they spin«. (Matthäus, 6:28, in der Luther-Übersetzung: »Schaut euch die Lilien auf dem Felde an, wie sie wachsen: sie arbeiten nicht, auch spinnen sie nicht.«) »Shin« = Schienbein, resp. als Verb = vor's Schienbein treten.

P. S. Die Shakespeare-Zitate sind den Übersetzungen von Schlegel und Tieck entnommen. Scott-, Milton- und Dowson-Experten sind hiermit herzlich aufgerufen, die Zitate der werten Herren richtigzustellen. Dafür im voraus 1000 Dank. Last, but not least: 1001 Übersetzer-Dank an Paul G. Wesolowski, den ausgesprochen rührigen und hilfsbereiten Herausgeber des Marx-Bros-Fachorgans »The Freedonia Gazette«, und Tommy Bodmer, ohne den weder die Anmerkungen noch die Übersetzung in der vorliegenden passablen Form zustande gekommen wären.

Hamburg, im Mai 1995
S. B.